KNAUR

Von Bernhard Moestl sind bereits folgende Titel erschienen:
Shaolin – Du musst nicht kämpfen, um zu siegen
Das Shaolin-Buch für Eltern
Der Weg des Tigers
Die 13 Siegel der Macht
Die Kunst, einen Drachen zu reiten
Das Shaolin-Prinzip
Denken wie ein Shaolin
Handeln wie ein Shaolin
Siegen wie ein Shaolin
Der Drachentempel
Lächeln ist die beste Antwort

Über den Autor:
Bernhard Moestl, geb. 1970 in Wien, hat als einer der wenigen Europäer bei einem Großmeister in Shaolin das Denken und die Philosophie des Kampfes der Mönche dort gelernt. Der Bestsellerautor nutzt diese Erkenntnisse als Vortragsredner und Business-Coach mit den Schwerpunkten Bewusstsein und Führung. Seine Bücher wie »Shaolin – Du musst nicht kämpfen, um zu siegen« erobern regelmäßig die Bestsellerlisten Bernhard Moestl reist seit über 30 Jahren nach Asien und in viele andere Länder der Erde. Er hat seine Passion zum Beruf gemacht und gelernt, seiner Sehnsucht zu folgen.

Bernhard Moestl

Der Traum vom unangepassten Leben

24 Wege, deiner Sehnsucht zu folgen

KNAUR

Besuchen Sie uns im Internet:
www.knaur.de

Aus Verantwortung für die Umwelt hat sich die Verlagsgruppe Droemer Knaur zu einer nachhaltigen Buchproduktion verpflichtet. Der bewusste Umgang mit unseren Ressourcen, der Schutz unseres Klimas und der Natur gehören zu unseren obersten Unternehmenszielen. Gemeinsam mit unseren Partnern und Lieferanten setzen wir uns für eine klimaneutrale Buchproduktion ein, die den Erwerb von Klimazertifikaten zur Kompensation des CO_2-Ausstoßes einschließt. Weitere Informationen finden Sie unter: www.klimaneutralerverlag.de

FSC www.fsc.org
MIX
Papier aus verantwortungsvollen Quellen
FSC® C083411

Originalausgabe März 2021

Ein Imprint der Verlagsgruppe
Droemer Knaur GmbH & Co. KG, München

Redaktion: Dr. Caroline Draeger
Covergestaltung: ZERO Werbeagentur, München
Coverabbildung: Shutterstock.com / billybear
Abbildungen im Innenteil: Shutterstock.com
Satz: Adobe InDesign im Verlag
Druck und Bindung: CPI books GmbH, Leck
ISBN 978-3-426-21491-6

2 4 5 3 1

Für Irene

Wo dein Geist ist,
dorthin wird dein Körper folgen.

(Aus Shaolin)

Sehnsucht

Viele Jahre lang war ich der Meinung, ich sei der einzige Mensch auf dieser Welt, der von einem freien, unangepassten Leben träumt. Bereits als Jugendlicher wünschte ich mir, eines Tages überall auf der Welt arbeiten zu können. Immer öfter sah ich mich in meinen Tagträumen als Reisender, der seine Zeit in aufregend fernen Ländern verbringt. Mein Geld verdiente ich als gefragter Fotograf, der, wo immer es ihm gerade gefiel, eine Arbeit fand, die ihm auch den Aufenthalt und die Weiterreise zum nächsten Ziel finanzierte.

Am Anfang erzählte ich diese Pläne noch jedem, der zumindest vorgab, sie hören zu wollen. Bis ich eines Tages verstand, dass meine Idee auf viel weniger Begeisterung stieß, als ich anfangs angenommen hatte. Statt mit dem freudigen Wunsch, es mir gleichzutun, reagierten die meisten Menschen in meinem Umfeld mit Unverständnis und Ärger. Mit was für Hirngespinsten kam ich denn da wieder an? Die Ablehnung ging so weit, dass viele mich aufforderten, erst einmal erwachsen zu werden und etwas zu leisten. Dann würde ich schon noch verstehen, dass das Leben einfach kein Wunschkonzert und ich nicht dessen Dirigent sei. Andere, die zugaben, durchaus selbst einmal solche Fantasien gehabt zu haben, schoben diese auf meine Jugend. Sie legten mir beruhigend die Hand auf die Schulter und meinten, ich solle mir einmal die Hörner abstoßen, dann würde sich das wieder legen.

Am meisten aber erstaunten mich die wenigen, die meine

Idee zumindest zu verstehen schienen. Sie erklärten mir nämlich seufzend, dass ich spätestens bei der Umsetzung meines Vorhabens in die Wirklichkeit fast zwangsläufig scheitern würde.

Doch auch wenn ich mit der Zeit aufhörte, über meine Wünsche zu sprechen, bedeutete das nicht, dass diese aufhörten, zu existieren. Ganz im Gegenteil. Je mehr mein Umfeld versuchte, mich auf den für mich vorgesehenen Pfad zu bringen, umso größer wurde mein Wunsch, davon abzuweichen. Jeder Versuch, mir meine Träume zu nehmen, stärkte nur mein Verlangen, sie zu leben. Ich wollte und würde meinen eigenen Weg gehen.

Erschwerend kam hier hinzu, dass mir das Leben dieser Menschen nicht einmal erstrebenswert schien. Zugegeben, dem äußeren Anschein nach hatten sie alles. Aber waren der sicherere Job, die fünf Wochen jährlicher Urlaub und die kleine Rücklage für schwerere Zeiten es wirklich wert, dafür die eigenen Sehnsüchte zu opfern? Und wenn ihr Leben tatsächlich so perfekt war, wie sie mich glauben machen wollten, warum mischten sich diese Menschen dann in meines ein? Was störte sie daran, dass meine Vorstellungen von den ihren abwichen? Offensichtlich gab es durchaus etwas, was sie selbst in ihrem Leben vermissten, auch wenn sie sich wohl nie getraut hätten, es laut zu sagen.

Eines Tages versprach ich mir selbst, mein Leben nach meinen eigenen Vorstellungen zu leben. Es mit Freiheit zu füllen, mit Abenteuern, mit Herausforderungen, Begegnungen und mit Erfolgen, die ich selbst als solche empfand. Vor allem aber schwor ich mir, alles zu tun, um niemals den Punkt zu erreichen, an dem für viele das Leben gleichermaßen vorbei war. Dort, wo sie langsam, aber sicher begannen, zu akzeptieren, dass es nichts mehr zu entdecken gab, nichts mehr zu lernen und nichts mehr zu bestaunen. Solange ich auf dieser Erde weilte, so beschloss ich, wollte ich leben. Selbst um den Preis, eines Tages ohne sicheren Job, Eigentumswohnung und ohne Besitztümer dazustehen, um die mich meine Mitmenschen beneiden konnten.

Eine Entscheidung, die heute viel einfacher klingt, als sie es damals in Wirklichkeit für mich war. Schließlich bin ich nicht hinter dem Mond aufgewachsen, sondern wie viele andere auch in einer Kultur, in der das »Leben, um zu arbeiten«-Prinzip den Menschen zur Natur geworden ist. Zu einem eisernen Standard, den man weder hinterfragen muss noch kann. Nur so konnte ich mir zumindest erklären, dass meine Idee, mein eigenes Ding durchzuziehen, fast überall auf Ablehnung statt auf Unterstützung stieß.

Dabei hatte ich weder vor, mein Leben mit Nichtstun zu verbringen, noch wollte ich anderen auf der Tasche liegen. Ich wollte einfach nur meiner Sehnsucht folgen. Trotzdem ließ mich das verständnislose Kopfschütteln der Menschen in meinem Umfeld nicht unbeeindruckt. Was, so begann ich mich nach einiger Zeit zu fragen, wenn ich es war, der mit seiner Idee falschlag? Warum verspürte ich offensichtlich als Einziger den Drang, aus einer Enge auszubrechen, die für die anderen angeblich nicht einmal ansatzweise existierte? War die Wurzel meiner Sehnsucht nach Freiheit und Abenteuern meine ständige Gier nach mehr? Lag sie darin begründet, dass ich nicht mit dem glücklich wurde, was ich hatte? Konnten wirklich all jene irren, die alles daransetzten, mich zu überzeugen, doch endlich das Träumen zu lassen?

Heute weiß ich, dass keiner von uns falsch lag. In vielen Gesprächen haben mich Menschen an ihren geheimsten Wünschen ebenso teilhaben lassen wie an ihren Ängsten. Nach und nach habe ich verstanden, dass viel mehr Menschen von einem anderen Leben träumen, als es scheint. Selbst der angepassteste und genügsamste Mensch wird sich nämlich in manch stiller Stunde seiner Vergänglichkeit bewusst. Dann aber fürchtet auch er den Moment, in dem er vor sich selbst zugeben muss, einem Ideal nachgelaufen zu sein, das niemals sein eigenes war.

So verschieden wie wir Menschen ist auch die Art, wie wir mit unseren Träumen umgehen. Manche verstecken ihre Wünsche, andere vertrösten sie auf später. Sie beschließen, ihren Traum zu einem anderen Zeitpunkt zu leben, dann, wenn alles besser und ganz anders sein wird. Wieder andere haben ihn bereits begraben, lange bevor er überhaupt zum Leben erwacht ist.

Nur die wenigsten haben den Mut, ihre Sehnsucht als das anzunehmen, was sie wirklich ist. Ein Geschenk, dem wir erlauben dürfen, mit uns zu wachsen, und das uns gegeben wurde, um uns zu führen.

Doch viel zu groß scheint den meisten die Gefahr, dass ihr Traum eines Tages übermächtig werden könnte. Stärker als alle gesellschaftlichen Zwänge, zu stark, um ihn noch kontrollieren, verleugnen und nötigenfalls unterdrücken zu können. Wohl deshalb begnügen sich so viele Menschen damit, sich scheinbar unerreichbare Ziele zu erträumen. Nur um am Ende resigniert festzustellen, dass es traurig macht, sich etwas zu wünschen, was man ohnehin niemals haben kann.

Wer aber so denkt, der zerstört im Laufe der Zeit nicht nur seine Träume. Er nimmt sich damit vielmehr auch

die Fähigkeit, sich neue zu erschaffen. Mit jedem Mal wird das Feuer der Sehnsucht kleiner und kleiner, bis es eines Tages unbemerkt erlischt. Kann das aber wirklich unser Ziel sein?
Oft habe ich mich gefragt, was Menschen eigentlich dazu bringt, sich in ein Leben zu zwängen, das so gar nicht ihren Wünschen entspricht. Warum versuchen sie nicht zumindest zu verstehen, woher die Überzeugung kommt, ihrer wahren Sehnsucht nicht folgen zu dürfen?
Fast jeder, dem ich diese Frage gestellt habe, kam im Laufe seiner Antwort auf eine Begründung, die jedes Weiterdenken sinnlos erscheinen ließ: Nirgendwo auf der Welt gibt es so etwas wie ein selbstbestimmtes Leben ohne das nötige Geld. Haben wir nicht schon als Kinder gelernt, dass man von seinen Träumen nicht leben kann?
Bei den meisten Erwachsenen drehen sich die Gespräche und Gedanken viel öfter um die Frage nach dem Lebensunterhalt als um den Lebensinhalt. Wir wollen lieber wissen, wovon ein anderer lebt, als zu fragen, wie er es tut. Im Zweifelsfall scheint den meisten ein zwar inhaltsleeres, aber zumindest materiell erfülltes Leben noch immer die bessere Wahl zu sein. Wir lernen früh, Menschen zu bewundern, die über einen Haufen Geld verfügen, aber keine Zeit haben, sich daran zu erfreuen. Und bezeichnen umgekehrt jene, die einfach ihr Leben genießen, als Nichtsnutze. Freiheit, so müssen wir daher glauben, können sich nur die Reichen leisten. Aber ist jemand, der gestresst von Termin zu Termin hetzt, um seine Besitztümer noch weiter zu vermehren, denn wirklich frei?
Es steht außer Frage, dass Geld vieles einfacher macht. Wir können uns davon eine Mahlzeit leisten, ein Flugticket oder eine Segelyacht. Mit Geld kann man tatsächlich

fast alles kaufen. Nur das, von dem wir wirklich träumen, ist mit Geld nicht zu bezahlen. Freiheit möchte nämlich nicht gekauft werden. Wahre Freiheit ist eine Diva. Sie möchte umworben werden, gewollt sein und begehrt, mit jeder Faser unseres Körpers. Freiheit will unsere Sehnsucht. Doch die kann man nicht kaufen. Andernfalls würde uns Geld nämlich glücklich machen, statt uns nur dazu zu verführen, noch mehr von ihm haben zu wollen. Tatsächlich aber kauft Geld uns nur Dinge, die genauso vergänglich sind wie unsere Freude an ihnen. Mit Geld kaufen wir auch keine Veränderung. Ganz im Gegenteil erzeugt es erst jene träge Bequemlichkeit, die uns ertragen lässt, was uns unglücklich macht und wovon wir uns am liebsten freikaufen wollen.

Wahre Sehnsucht ist eine Kraft, die stärker ist als alles auf dieser Welt. Nichts und niemand kann sie einschränken oder aufhalten. Sehnsucht bekommt immer, was sie sich wünscht. Sie bestimmt, wohin die Reise unseres Lebens geht, und lässt uns unterwegs mehr ertragen, als wir jemals für möglich gehalten hätten. Sehnsucht lässt uns wieder und wieder aufbrechen, treibt uns an auf der Suche nach den Herausforderungen, die uns über uns hinauswachsen lassen. Sie ist der unbezähmbare Drang, zu nutzen, was in uns steckt. Sehnsucht ist die permanente Suche nach unserem wahren Selbst.

Lange habe ich Sehnsucht für Fernweh gehalten. Ich wollte unterwegs sein, so weit weg wie nur irgendwie möglich, immer dort, wo ich gerade nicht war. Doch mit der Freude über jedes neue Land, das ich besuchte, wuchs gleichzeitig meine Angst. Wohin sollte ich noch reisen, wenn ich eines Tages alles gesehen hatte? Also nahm ich mir vor, einen Staat dieser Welt niemals zu bereisen.

Welcher das sein sollte, wollte ich erst entscheiden, wenn ich bereits fast alle anderen gesehen hatte. Denn ich wollte mir den Glauben bewahren, dass ich in ebendiesem einen Land das finden könnte, was ich überall anders vergeblich gesucht hatte.

Heute weiß ich, dass erfüllte Sehnsucht weit mehr ist als die Summe der Dinge, die man im Leben vermeintlich einmal getan oder gesehen haben sollte. Das Reisen, um das es in diesem Buch geht, ist vielmehr wie ein Gleichnis unseres Lebens. Denn Sehnsucht ist keine Liste, die man abhakt und dann zur Seite legt, um sich etwas Neuem zu widmen. Sehnsucht ist in jedem von uns vorhanden, auch wenn wir sie oft unter Geld, Routinen und Alltagssorgen vergraben.

Sobald wir unsere ganz persönliche Sehnsucht entdeckt haben, wird sie uns zur Lebensenergie. Wenn wir lernen, sie anzunehmen und uns ihr völlig hinzugeben, erkennen wir plötzlich und mit einer zuvor ungekannten Leichtigkeit, dass es genau jetzt an der Zeit ist, loszugehen.

Wohin führt dich deine Sehnsucht?

Motivation

Ab und an verfolge ich die Geschichten von Menschen, die ihrem alten Leben kurzerhand den Rücken kehren, um schnellstmöglich ein neues, völlig anderes zu beginnen. Eine Idee, die durchaus verlockend klingt, wenngleich sie nur in den seltensten Fällen wirklich die beste ist. Schließlich ist es eine altbekannte Tatsache, dass jede Veränderung ihre Zeit braucht. Gerade dort, wo etwas langfristig anders werden soll, scheint mir Hast ein schlechter Ratgeber zu sein.

Dennoch stürzen sich oft gerade Menschen, die ohne vorherige Anprobe nicht einmal ein Paar Socken kaufen würden, Hals über Kopf in das Abenteuer Veränderung und wundern sich, wenn es am Ende danebengeht.

Meiner Meinung nach hat dieses Verhalten seine Ursache in dem Irrglauben, um glücklich zu werden, genüge es, einfach an einen anderen Ort zu ziehen. Auch ich habe einmal ganz ähnlich gedacht. Ohne jemals vorher dort gewesen zu sein, träumte ich als Jugendlicher lange Zeit davon, nach Australien auszuwandern. Hätten mich nicht Visa-Bestimmungen und andere bürokratische Hürden davon abgehalten, ich hätte wohl tatsächlich alles stehen und liegen gelassen und meinen Lebensmittelpunkt in ein Land verlegt, von dem ich in Wahrheit vor allem deswegen fasziniert war, weil es am anderen Ende der Welt lag.

Es scheint in unserer Natur zu liegen, uns nach dem zu sehnen, was wir gerade nicht haben. So zieht es den in den

Bergen Wohnenden ans Meer, während Menschen, die an der Küste leben, ihren Lebensmittelpunkt ins Gebirge verlagern wollen. Hauptsache, es geht woandershin.
Warum sollte es aber ausgerechnet dort, wo wir – nach einem oft überstürzten Aufbruch – ankommen, besser sein? Warum sollte sich jemand, der am Wasser aufgewachsen ist, plötzlich in den Bergen wohler fühlen?
Wenn wir etwas verändern wollen, müssen wir zuallererst die wahre Motivation hinter unserem Wunsch verstehen. Treibt uns tatsächlich eine konkrete Erwartung an den neuen Ort? Wollen wir das Neue wirklich um des Neuen willen, oder laufen wir einfach davon, weil wir des Alten überdrüssig sind?
Nun könnte man meinen, dass das am Ende keinen Unterschied macht. Geht es nicht einzig und allein darum, dass etwas anders wird?
Wer sein Leben nur deshalb verändert, weil er sich von etwas Altgewohntem abgestoßen, und nicht, weil er sich zu etwas Neuem hingezogen fühlt, der läuft Gefahr, einen großen Fehler zu begehen. So jemand wird nämlich alles tun, um eine Rückkehr in das ungeliebte vorige Leben zu verhindern. Das ist aber so, als würden wir uns vorsätzlich aus der eigenen Wohnung aussperren, nur um uns dazu zu zwingen, die Nacht in einem Hotel zu verbringen. Warum aber sollte jemand so etwas tun? Im Urlaub schlafen wir auch woanders, obwohl wir noch Zugang zum eigenen Bett haben. Wer aber alle Brücken abbricht, um sich den Rückweg zu verbauen, beweist damit nur, dass er dem eigenen Vorhaben nicht vertraut.
Mich erinnert dieses Verhalten an Menschen, die ohne Sprachkenntnisse und ausreichende Geldreserven in ein Land auswandern, das sie vielleicht auch nur vom Urlaub

her kennen. Überwiegt nach der Ankunft im neuen Zuhause noch die Freude, dem alten Leben entkommen zu sein, stellt sich ziemlich bald heraus, dass das so heiß ersehnte neue Leben dem alten aufs Haar gleicht. Nur dass es eben an einem anderen, fremden Ort stattfindet, was die Sache gleich doppelt so anstrengend macht.
Viele würden dann gerne wieder zurück in ihr altes Leben, doch die Hürden, die sie sich selbst geschaffen haben, hindern sie daran. Das führt zu großem Unglück. Der vorrangige Grund für einen Aufbruch sollte daher nicht der Wunsch sein, etwas Altes hinter sich zu lassen, sondern die Sehnsucht danach, einen neuen Ort zu erreichen. Trotzdem kann eine tiefgreifende Unzufriedenheit mit der aktuellen Situation durchaus die Ursache für eine Veränderung sein. Wer fühlt, dass es an der Zeit ist, weiterzugehen, der sollte das auch tun.
Noch vor wenigen Jahrzehnten stieß jemand, der alle Brücken hinter sich abbrach, auf erstaunliche Hürden. Damals waren Menschen, die fernab der gewohnten Umgebung ein neues Leben beginnen wollten, noch Exoten. Während man sie in Europa mit einer Mischung aus Bewunderung und Ärger als »Aussteiger« bezeichnete und nicht weiter beachtete, wurden sie vor allem in Asien lange Zeit verfolgt. Besonders in Singapur waren diese Europäer, die meist noch zusätzlich das Haar lang trugen, richtiggehend verhasst. Schon wer bei einer der zahlreichen Drogenrazzien mit einer solchen Frisur aufgegriffen wurde, musste mit einer unangenehmen Konsequenz rechnen. Ein kleiner Stempel mit den Buchstaben »SH«, die für »Suspected Hippie«, also »Verdacht auf Hippie«, standen, hatte nicht nur die sofortige Ausweisung, sondern ein längeres Einreiseverbot zur Folge.

Heute aber scheint die Idee, nicht dort zu sterben, wo man geboren wurde, auch in Asien in der Mitte der Gesellschaft angekommen zu sein.

Was aber muss konkret passieren, dass jemand den Mut findet, den ersten Schritt Richtung Aufbruch zu tun? Gemeinsam scheint vielen, die ihre Geschichte aufgeschrieben haben, dass ihr Leben bis zum Anschlag ausgereizt war. Nicht wenige haben auch körperliche Grenzen überschritten, um Erfolg zu haben. Doch die Zweifel an der Sinnhaftigkeit des eigenen Tuns waren lange Zeit nicht stark genug, um die Veränderung auch zu wagen. Vielen gelingt das erst, wenn auch der Körper verzweifelt beginnt, sich zur Wehr zu setzen. Wohl deshalb findet sich unter Gründen für einen späten Aufbruch in ein neues Leben alles, vom Burnout mit monatelangem Klinikaufenthalt bis zum Herzinfarkt mit dreifachem Bypass.

Warum fällt es uns aber so schwer, schon vorher zu begreifen, dass in unserem Leben etwas grundlegend falsch läuft? Kein einziges Mal habe ich gelesen, dass jemand den neuen Weg eingeschlagen hätte, weil er ihm nach reiflicher Überlegung schlicht der bessere zu sein schien.

Vielleicht brauchen wir diesen Schuss vor den Bug, durch den uns Körper und Seele zeigen, wie ernsthaft kritisch wir uns verhalten, wenn wir alles weitermachen wie bisher.

Ist es aber nicht eine mutwillige Verschwendung von Lebenszeit, in vollem Bewusstsein so lange an einem falschen Weg festzuhalten, bis wir an eine Mauer stoßen? Wie viele Jahre wollen wir verschwenden, bevor wir erkennen, dass wir auf einem Irrweg sind und unser Verhalten überdenken? Und warum wirken viele am Ende regelrecht stolz darauf, sich derart verlaufen zu haben?

Für mich ist das so, weil unsere Gesellschaft uns ohne eine beeindruckende Leidensgeschichte vermeintlich nicht erlaubt, das eigene Leben neu auszurichten. Wer außer uns selbst hat aber das Recht, uns das zu verweigern? Wer erst andere um Erlaubnis fragt, die eigenen Sehnsüchte und Träume leben zu dürfen, bleibt ein Gefangener seiner Ängste und scheint dazu verdammt, den gleichen Fehler wieder und wieder zu begehen.

Wie aber kommt es, so werde ich oft gefragt, dass meine eigene Geschichte so anders verlaufen ist? Woher habe ich über all die Jahre den Mut genommen, zu tun, wozu mich meine Sehnsucht getrieben hat? Woher habe ich diese Freiheit genommen? Vielleicht wurde ich als Rebell geboren. Denn solange kein anderer dabei zu Schaden kam, habe ich immer schon getan, was ich tun wollte. Ich war in meinem Traumberuf Fotograf erfolgreich, obwohl die Fotografie von meinem Umfeld als »brotloses Gewerbe« bezeichnet wurde. Statt wie gewünscht einer »geregelten Arbeit« nachzugehen, habe ich fast die ganze Welt bereist und lebe heute als Autor in meiner Wahlheimat Rumänien. Dennoch fühle ich mich deshalb nicht unbedingt mutig. Ganz im Gegenteil rührt mein unangepasster Lebensstil vielmehr daher, dass ich eben nie den Mut hatte, ein Leben zu führen, das ich eines Tages bereuen könnte. Immer schon wollte ich auf eine Art leben, die es mir jederzeit erlaubte, einfach zu gehen.

Während viele schon in jungen Jahren ihren Ruhestand planten, als hätten sie ein göttliches Anrecht auf Lebenszeit, wurde mir früh bewusst, dass es darauf weder Anspruch noch Garantie gibt. Das Leben kann schneller vorbei sein, als wir glauben.

Wann immer der Augenblick kommt, an dem ich diese

Welt verlassen werde, will ich mein Leben gelebt und keinen Augenblick darauf verschwendet haben, auf etwas gewartet zu haben.
Selbst mein Entschluss, eines Tages überall auf der Welt zu Hause zu sein, war einfach nur die Konsequenz einer Entscheidung. Ich war gerade einmal zwölf Jahre alt, als meine Großmutter es mir ermöglichte, mit einer Gruppe von Kindern nach Rom zu fahren. Ich sollte nicht nur ohne meine Eltern unterwegs sein, sondern zum allerersten Mal in meinem Leben fliegen! Begleitet wurde unsere Gruppe von fünf Erwachsenen. Einer von ihnen, der den Kurztrip in die Ewige Stadt mit einer beruflichen Erledigung verband, flog nicht wie wir mit einer Chartermaschine, sondern nahm einen Linienflug. Ein kleiner Umstand, der mein ganzes Leben verändern sollte. Denn auch wenn der Flug unglaublich aufregend war, gab es eine kleine Enttäuschung. Wochenlang hatte ich zu Hause geübt, mit angelegten Ellenbogen zu essen, um im Flieger meinen Sitznachbarn nicht zu stören. Doch statt dem erwarteten opulenten Mahl bekamen wir nur ein Quarktäschchen und ein Glas Saft. Ich beruhigte mich mit der Annahme, dass das magere Menü wohl der kurzen Flugdauer geschuldet war. Bis ich erfuhr, dass unser Begleiter auf der genau gleichen Strecke ein ganz normales Essen bekommen hatte und dies sogar mit kleinen Salz- und Pfefferpäckchen belegen konnte. Nun scheint der Speiseplan in einem Flugzeug eine der nebensächlichsten Sachen überhaupt zu sein. Doch damals ging es um viel mehr. Das »Erwachsenenmenü«, das uns Kindern damals vermeintlich vorenthalten wurde, mutierte für mich zu einem Symbol der Freiheit. Es wurde zum Sinnbild dessen, was jene Menschen bekamen, die ohne

Erlaubnis der Eltern reisen konnten, wohin auch immer sie wollten, während die Abhängigen mit einem kleinen Nachtisch abgespeist wurden. In diesem Moment beschloss ich, selbst einmal ein Berufsreisender zu werden. Ein Globetrotter, der einfach mal so einen Linienflug nach Rom nahm und nebenbei noch eine Kindergruppe betreute.

Obwohl ich bis heute keines der beiden Dinge getan habe, hat die Erkenntnis mein Leben geprägt. Ob du das Menü für die Kinder bekommst oder jenes für die Erwachsenen, ist genauso wenig vorherbestimmt wie die Art, in der in der du dein Leben lebst. Beides ist weder von äußeren Umständen noch von irgendwelchen Genehmigungen abhängig. Sondern allein von der Antwort auf diese alles entscheidende Frage: Wofür brennst du wirklich?

Warum möchtest du,
dass etwas anders wird?

Aufbruch

Manchmal stelle ich mit Erstaunen fest, dass sich gewisse Dinge nicht ändern. Eines davon ist meine Gewohnheit, die Buchung von Flug-, Bus- und Zugtickets bis zum letztmöglichen Moment aufzuschieben. Ein Verhalten, das entgegen meiner ursprünglichen Annahme nichts mit der Angst um die Summe zu tun hat, die mich ein Fehler kosten könnte. Vielmehr tritt das Problem zuverlässig immer dann auf, wenn ich mich länger im Voraus auf einen bestimmten Termin festlegen soll. Es ist mir nämlich noch nie passiert, dass ich einen Flug nicht wahrnehmen konnte, weil mir in letzter Minute etwas dazwischengekommen ist. Trotzdem zögere ich oft die Buchung so lange hinaus, bis ich nur noch zwischen einem horrenden Preis und einer unnötig langen Reisedauer wählen kann.

So wollte ich einmal den Jahreswechsel in Hongkong verbringen. Obwohl mein Entschluss bereits im September feststand, buchte ich den Flug so kurzfristig, dass die einzige mit meinem Budget finanzierbare Variante von Wien zuerst gen Westen nach London und von dort die ganze Strecke wieder zurück nach Osten führte. Eine fast sieben Stunden längere Flugdauer, die ich bei rechtzeitiger Buchung sehr einfach hätte vermeiden können. Wirklich zum Verhängnis wurde mir mein Verhalten dann am Silvesterabend. Vor meinem geistigen Auge sah ich mich an der Promenade stehen, über das Wasser auf Hongkong Island blicken und das Feuerwerk vor der berühmten Skyline genießen. Doch obwohl mir bewusst war, dass ich nicht der einzige Besucher sein würde und es angesagt war, mir rechtzeitig einen Platz zu sichern, schob ich den Aufbruch immer weiter auf. Was sollte ich dort auch zwei Stunden vor Mitternacht schon groß tun? Als ich mich gegen dreiundzwanzig Uhr entspannt auf den Weg machte, endete dieser ziemlich abrupt. Nicht, dass ich damit gerechnet hatte, noch einen Platz in der ersten Reihe zu bekommen. Aber dass die Menschen bereits zehn Querstraßen von der Promenade so dicht gedrängt stehen würden, dass an ein Durchkommen nicht einmal zu denken war, überraschte mich dann doch. Resigniert ging ich in mein Zimmer zurück und verfolgte das Spektakel im Fernsehen.

Abhilfe ist aber möglich, sobald man sich seines Verhaltens bewusst wird und dazu steht, dass man manches gerne aufschiebt. Zum Beispiel, indem man sich einen Komplizen sucht, der einen liebevoll antreibt. Für mich war das lange Zeit der Mitarbeiter des Reisebüros, in dem ich meine Flüge buchte. Kaum hatte ich den Laden betreten, begrüßte er mich bereits breit grinsend mit der Frage: »Nach Möglichkeit morgen und so günstig wie möglich, ich weiß. Wohin?« Nachdem ich ihm meine Wunschdestination genannt hatte, begann er umgehend an drei Apparaten gleichzeitig zu telefonieren. Er raunte verschiedene Codes in die Hörer, nannte unterschiedliche Daten, machte sich hektisch Notizen, legte kopfschüttelnd auf und wählte die nächste Nummer. Dann blickte er unvermittelt auf, sah mich an und fragte mit strenger Miene: »Übermorgen mit Fluglinie F über A, B und C nach D, Rückflug offen ab September, Preis soundso, okay?« Dann hatte ich fünf Sekunden Zeit, bestätigend zu nicken. Da ich bereits im Vorhinein wusste, was mich erwartete, hatte ich mich natürlich darauf vorbereitet. Ich betrat also das Reisebüro nicht, um mich »umzusehen«, sondern mit dem konkreten Vorsatz, es erst mit einem Flugticket in der Hand wieder zu verlassen. Dadurch machte ich den Reisebüromitarbeiter gleichsam zu meinem Komplizen, der mich dabei unterstützte, meinem Wunsch aufzubrechen auch Taten folgen zu lassen.

Heute liegen die Dinge zugegebenermaßen etwas komplizierter. Schließlich wurden die hektisch telefonierenden Reisekaufleute mittlerweile durch Computer ersetzt, die alle Zeit der Welt haben. Zu allem Überfluss scheinen viele Fluglinien zusätzlich erkannt zu haben, dass sich mit unseren Schwierigkeiten, uns für einen konkreten Termin zu entscheiden, zusätzliches Geld machen lässt. Nur so ist es für mich erklärbar, dass man sich fast überall gegen einen geringen Betrag den angezeigten Preis für 72 Stunden sichern kann.

Doch was jetzt klingt wie eine Ausrede, ist natürlich auch eine. Denn Internet und Fluglinien hin oder her, am Ende liegt es allein an uns, die Entscheidung zum Aufbruch zu treffen. Warum aber kostet uns das sogar dort Überwindung, wo es doch um etwas geht, auf das wir uns freuen?

Abgesehen davon, dass den meisten Menschen eine tiefe Abneigung gegenüber Veränderungen angeboren zu sein scheint, fällt es uns schwer, von etwas zu träumen, das wir nicht kennen. Zu der Zeit, als ich mir vorzustellen begann, eines Tages zu einer Reise um die ganze Welt aufzubrechen, war der Wiener Flughafen nur durch eine einzige Bahnlinie an das öffentliche Nahverkehrsnetz angebunden, die vom Stadtzentrum direkt zum Airport ging. Man betrat die Station über eine kleine Vorhalle, von der aus eine Rolltreppe hinunter zu den von oben nicht sichtbaren Zügen führte. Ohne dass ich heute sagen könnte, warum, war diese Rolltreppe lange Zeit das Ziel meiner Träume. Wann immer ich mir ausmalte, auf die große Reise zu gehen, sah ich mich auf ihr stehen und abwärts fahren, den Bahnsteigen Richtung Freiheit entgegen.

Obwohl ich natürlich vom Unterwegssein träumte, sah ich mich dennoch nicht in der mir damals noch unbekannten Ferne Asiens, sondern vielmehr an einem konkreten Wiener Schnellbahnhof stehen, der mir lange Zeit ein Symbol für meine Sehnsucht war.

Es ist müßig zu sagen, dass die kurze Rolltreppenfahrt am Ende nichts im Vergleich mit den Gefühlen war, die ich in meinen Tagträumen durchlebt hatte. Ihr Bild half mir aber viel später zu verstehen, wie gefährlich es sein kann, wenn wir unsere Träume allein auf das uns bereits Bekannte beschränken. Dann liegt die Enttäuschung meist nicht fern. Recht schnell gelangte ich nämlich an den Punkt, an dem die Vorfreude auf die Rolltreppenfahrt und das symbolische Einsteigen in den Zug zum Flughafen größer war als die konkrete Sehnsucht nach einer Reise, über die ich nichts wusste. Nur das Vertraute, so wurde mir damals klar, taugt uns als Ziel für unsere Träume.

Am Ende war mein Verlangen, die Welt zu sehen, größer als die Furcht vor dem Unbekannten. Ganz im Gegenteil macht es bis heute für mich einen großen Teil der Faszination des Reisens aus, das jeder Aufbruch immer auch eine Art Abschied ist. Trotz der Illusion, dank der Segnungen der modernen Technik ständig mit zu Hause verbunden zu sein, sind wir nach den letzten Umarmungen und guten Wünschen von Freunden und Bekannten ab einem Punkt auf uns allein gestellt. Aufzubrechen bedeutet noch immer eine Fahrt ins Unbekannte. Es ist der Beginn einer Freiheit, wie es sie nur unterwegs gibt. Ein Aufbruch bedeutet aber auch, fort zu sein mit allen Konsequenzen, sich von allem zu lösen, was man daheim zurücklässt. Ein Gedanke, der einem bei aller Vorfreude auch Angst machen kann.

So wurde einmal meine Großmutter krank, kurz bevor ich für ein Jahr den Osten Asiens erkunden wollte. Auch wenn es nichts wirklich Ernstes war, machte ich mir Sorgen. Schließlich würde ich sie für eine lange Zeit nicht sehen und nur mit Verzögerung erfahren, sollte ihr Gesundheitszustand sich verschlechtern. Hinzu kam, dass sie bereits in ihren Achtzigern war. Nun wäre es auf den ersten Blick das Einfachste gewesen, die Abreise zu verschieben. Doch so stark meine Befürchtung auch war, meine Großmutter möglicherweise nie wiederzusehen, so groß war gleichzeitig meine Angst, dass ich die Reise niemals mehr antreten würde, wenn ich sie dieses eine Mal verschob. Wer wusste schon, was den Aufbruch als Nächstes verzögern würde?

Als ich ihr viele Jahre später von meinem Dilemma erzählte, meinte meiner Großmutter nur: »Was hättest du mir denn helfen können, wärest du damals zu Hause geblieben?«

Natürlich kann man jetzt kommen und sagen, es sei egoistisch gewesen, in so einer Situation einfach wegzufahren. Aber haben wir nicht in gleichem Maße, wie wir Verantwortung für andere Menschen tragen, diese auch für uns selbst?

Denke ich heute darüber nach, dann erinnere ich mich daran, dass meine Großmutter mich immer dazu aufgefordert hat, loszufahren. Schon deshalb wäre die Behauptung, ich hätte ihretwegen auf diese Reise verzichtet, ohnehin nichts anderes als ein billiger Vorwand gewesen. Ein kluger Mensch hat einmal gesagt: »Wer etwas will, findet Wege. Wer etwas nicht will, findet Gründe.«

Tatsächlich ist das, was uns wirklich am Aufbruch hindert, allein unsere Angst. Die Angst vor dem, was uns unterwegs erwartet, die Angst davor, die Dinge nicht kontrollieren zu können, oder schlicht die Angst vor unserem eigenen Mut. Doch egal in welcher Form, Angst ist immer ein schlechter Ratgeber. Denn statt uns zum Aufbruch zu motivieren, liefert sie uns Rechtfertigungen, um uns nicht bewegen zu müssen, und bringt uns so dazu, an dem Ort zu bleiben, den wir eigentlich verlassen wollen. Angst unterstützt uns sogar dabei, unseren Stillstand vor jenen zu legitimieren, die uns bereits für unseren Mut gelobt haben, endlich unseren Träumen zu folgen. Aber um welchen Preis?

Am Ende können wir jede Begründung vorschieben, die wir möchten. Ob uns der Beruf den Aufbruch unmöglich macht, die Verantwortung für Kinder, Eltern, Großeltern oder pflegebedürftige Nachbarn: Die Entscheidung, zu bleiben oder aber weiterzugehen, liegt dennoch immer nur bei uns.

Statt also dankbar ständig neue Schuldige zu finden, die unseren Aufbruch vermeintlich unmöglich machen, sollten wir uns lieber einen Ruck geben und den ersten Schritt tun. Denn nur wir selbst sind dafür verantwortlich, in uns den Mut zu finden, aus dem Gefängnis unserer Ängste auszubrechen. Uns einfach auf den Weg zu machen, bereit, das anzunehmen, was uns unterwegs erwartet. Andernfalls bleibt nämlich selbst vom unangepasstesten Leben nichts mehr als ein schöner Traum.

Wann brichst du auf?

Besitz

Als ich mit zwanzig Jahren zum ersten Mal für vier Monate nach Australien aufbrach, war ich ausgerüstet wie ein wandelnder Outdoorladen. Von Faltbesteck bis zu einem Strohhalm, mit dem ich hätte aus Pfützen trinken können, weil er das Wasser reinigte, hatte ich alles an Ausrüstung gekauft, was ich auftreiben konnte. Entsprechend wog mein großer Rucksack knapp zwanzig Kilo, und das Handgepäck hatte das gerade noch zulässige Höchstgewicht. Dabei hatte ich ohnehin schon so vieles daheim gelassen, was ich extra für diese Reise angeschafft hatte!
Obwohl ich für die meisten Teile am Ende keinerlei Verwendung haben sollte, fühlte ich mich mit all der Ausrüstung zumindest am Anfang wie ein richtiger Abenteurer. Schnell stellte ich jedoch fest, dass dieses wunderbare Gefühl nicht nur bei der Anschaffung einen nicht zu unterschätzenden Preis hatte. Denn im Ausland angekommen, konnte und wollte ich das schwere Gepäck nicht den ganzen Tag mit mir herumtragen.
Das war kein Problem, solange ich in Hostels übernachtete. Zur Herausforderung wurde es erst, als ich versuchte Geld zu sparen, indem ich nachts reiste. Theoretisch hatte dieses Vorgehen zwei Vorteile. Ich musste keine Unterkunft bezahlen und konnte während der stundenlangen Fahrten schlafen. Praktisch aber stellte es mich vor eine neue Herausforderung: Was sollte ich tagsüber mit meinen Sachen tun? Sobald ich in einem neuen Ort angekommen war, musste ich versuchen, jemanden zu finden,

der möglichst kostenlos auf mein Gepäck aufpasste. Auch wenn sich fast immer ein Ladenbesitzer oder ein Mitarbeiter einer Tourismusinformation dazu bereit erklärte, hatte die Sache einen unangenehmen Nebeneffekt. Ich musste nämlich vor Ladenschluss wieder zurück sein, um die Sachen abzuholen, was meinen Bewegungsradius deutlich einschränkte.

Das Erste, was mir abhandenkam, war mein teurer Schlafsack. War mir der Komfortbereich um die null Grad beim Kauf besonders attraktiv erschienen, musste ich bald feststellen, dass er für den australischen Winter viel zu warm war. Wohl auch deshalb hatte ich ihn etwas zu sorglos in den Kofferraum eines Linienbusses gelegt und beim Aussteigen festgestellt, dass er verschwunden war. Nach einem kurzen Moment des Ärgers über diesen dreisten Diebstahl spürte ich zu meinem Erstaunen so etwas wie freudige Erleichterung. Ich musste das sperrige Teil, das ich ohnehin kein einziges Mal benutzt hatte, fortan nicht mehr mittragen!

Etwas in mir begann, sich zu verändern. War es am Anfang noch aufregend gewesen, die Ausrüstung durch die Gegend zu schleppen, ging sie mir nun vor allem auf die Nerven. Kurz darauf verbrachte ich einige Nächte im Outback. Ohne meinen Rucksack auch nur anzurühren, rollte ich meine Schlafmatte aus, legte mich auf den Rücken und schaute plötzlich auf einen Himmel, der vor Sternen förmlich zu leuchten schien. Nie zuvor in meinem Leben hatte ich so etwas gesehen. Es wurde eine kurze Nacht, in der ich spät einschlief und sehr zeitig wieder aufwachte, um den Sonnenaufgang nicht zu versäumen. In diesem Moment begriff ich vielleicht zum ersten Mal, wie wenig Reichtum mit Besitz zu tun hat.

Nach und nach begann ich aus eigenem Antrieb, mich der Ausrüstungsteile zu entledigen, für die ich ohnehin keine Verwendung hatte. Ich verschenkte die dritte meiner Outdoorhosen an einen Obdachlosen, gab das Faltbesteck einem anderen Reisenden und ließ die ungebrauchte Thermoskanne an einer Tankstelle stehen.
Nach über drei Monaten Rundreise kam ich zurück nach Sydney. Ich hatte zwar nur noch die Hälfte meines ursprünglichen Gepäcks, aber eine weitaus bessere Laune als am Anfang der Tour. Bis ich mir mit einem anderen Reisenden, den ich unterwegs kennengelernt hatte, ein Zimmer teilte. Während ich morgens in der Dusche war, verschwand mein Kollege mit meinen Traveller-Cheques und dem Bargeld. Zum allerersten Mal spürte ich am eigenen Leib, was es bedeutete, mittellos zu sein. Nicht nur musste ich plötzlich wildfremde Menschen um Geld bitten, um mir Essen kaufen zu können, ich hatte auch für die verbleibenden zwei Wochen bis zum Rückflug keine Unterkunft mehr.
Die erste Zeit über verbrachten mein Rucksack und ich die Nächte am Bahnhof. Doch was sollte ich tagsüber mit dem Gepäck anfangen? Ein freundlicher Mensch, dem ich meine missliche Lage schilderte, gab mir schließlich einen gutgemeinten Tipp. Ich solle, so meinte er, das Gepäck in einem Schließfach verstauen. Dieses solle ich aber einfach nur schließen, ohne es ordnungsgemäß nach Münzeinwurf zu versperren. Niemand würde hinter der geschlossenen Tür mein Gepäck vermuten. Ich tat wie empfohlen, und eine Zeit lang schien die Methode zu funktionieren. Ich stellte den Rucksack frühmorgens in das Schließfach und holte ihn am Abend wieder ab … bis das Fach am dritten Tag leer war und weder eine Nach-

frage beim Bahnhofspersonal noch bei der Polizei einen Hinweis auf den Verbleib meines Gepäcks erbrachten. Schlagartig dämmerte mir, dass ich nun außer Reisepass und Flugtickets wirklich überhaupt nichts mehr besaß. Erneut überkam mich, nachdem ich den ersten Schock überwunden hatte, ein erstaunliches Gefühl der Leichtigkeit. In diesem Augenblick spürte ich, dass ich frei war. Ich konnte die nächsten zehn Tage verbringen, wo immer ich wollte, ohne daran denken zu müssen, meinen Rucksack zu holen.

Jeder Besitz, so wurde mir langsam klar, besitzt in Wirklichkeit mich. Nicht er dient mir, sondern vielmehr diene ich ihm. Bis meine Habseligkeiten verschwunden waren, hatte sich alles um sie gedreht. Wo konnte ich meine Sachen lassen? Wann musste ich wieder zurück sein, um sie zu holen? Wie oft hatte ich eine Plauderei mit einem Einheimischen schneller beendet, als ich es eigentlich vorgehabt hatte, nur um rechtzeitig wieder bei meinem Gepäck zu sein?

Viele Jahre später reiste ich nach Varanasi. Bis heute gehört diese Stadt im Norden Indiens für mich zu den aufregendsten Plätzen dieser Erde. Nicht nur durch ihre Lage direkt an Indiens heiligstem Fluss Ganges ist sie ein Magnet für Gurus wie auch für Suchende. Rund um die Uhr sitzen an der Promenade neben dem Fluss spirituelle Lehrer aller Richtungen, in den im Winter durchaus kühlen Nächten nur gewärmt von kleinen Feuerchen, die ihr Wissen mit vorbeikommenden Fragenden teilen. Zu einem meiner Lehrer aber sollte ein anderer Mann werden. Es war der Inhaber meiner Unterkunft, dem ich eine erstaunliche Einsicht verdanke. Bis heute denke ich oft an diesen aufgeweckten Mann um die fünfzig, an sein Wohlstandsbäuchlein und die orange gefärbten Haare, die seine Zugehörigkeit zur Priesterkaste der Brahmanen symbolisierten. Obwohl er zwei kleine Hotels besaß, lebte er zusammen mit seiner Frau, den drei Kindern und seinem Vater in einem einzigen Zimmer direkt neben dem Eingang. Oft kam ich an der Rezeption vorbei, die aus einem unaufgeräumten Schreibtisch in einer Art überdachtem Vorgarten bestand, um mit ihm zu plaudern.

Bei einem unserer Gespräche beklagte ich mich darüber, dass ich in fast jedem hinduistischen Tempel aufgefordert wurde, dem Priester Geld zu geben. Das ging mittlerweile so weit, dass ich es vermied, die meist durchaus beeindruckenden Tempelanlagen überhaupt zu betreten. Wie aber sollte ich jemanden achten, der selbst für das unverlangte Sprechen eines Mantras eine materielle Gegenleistung verlangte? Wie konnte jemand, dessen einzige Leistung darin bestand, in eine höhere Kaste geboren worden zu sein, ein »Heiliger Mann« sein?

»Diese Männer sind Priester«, antwortete der Hotelbesitzer, »sie sind keine Sadhus.« Erstaunt fragte ich nach dem Unterschied. »Ein Sadhu würde niemals Geld von dir verlangen. Er würde dir eher welches geben, wenn er denn welches hätte.«

Nach hinduistischem Glauben, so erfuhr ich, könne jeder Mensch einer dieser »Sadhu« genannten Wandermönche werden, unabhängig von seiner Herkunft oder seiner Kaste. Er müsse sich einzig vor sich selbst verpflichten, auf jede Art materiellen Besitztums zu verzichten. Kein Haus, kein Auto, ja nicht einmal Kleidung dürfe er sein Eigen nennen. Und er müsse ausschließlich von dem leben, was andere ihm Tag für Tag überließen.

Auch wenn ich die Idee, ganz ohne Eigentum zu leben, durchaus beeindruckend finde, muss ich gestehen, dass ich weit davon entfernt bin, sie für mich selbst umsetzen zu können. Viel zu verlockend ist es, etwas ständig zur Verfügung zu haben und nicht erst andere darum bitten zu müssen. Was umgekehrt natürlich nicht bedeutet, dass wir alles, was wir anschaffen, auch tatsächlich benötigen.
Gerade beim Reisen habe ich gelernt, mit wie unglaublich wenig man auskommen kann und dass man das, was man wirklich braucht, vor Ort genauso bekommt. Wenn vielleicht auch etwas anders als daheim, wie ich eines Tages in China feststellen musste. Damals war ich, ohne daran zu denken, dass es auch in diesem Land so etwas wie Winter gibt, zu weit in den Norden vorgedrungen. Da ich nur Sommersachen eingepackt hatte, blieb mir wegen der kühlen Temperaturen nichts anderes übrig, als mir wärmere Kleidung zu besorgen. Doch gleichgültig, wie viele Geschäfte ich auch aufsuchte, stand ich überall vor dem gleichen Problem. Nicht nur, dass ich für asiatische Verhältnisse ziemlich groß bin, war die Kleidung derart altmodisch, dass ich mich damit in Europa nicht einmal auf eine Siebzigerjahre-Party getraut hätte. Mit so etwas sollte ich hier auf die Straße gehen?
Ich war nahe daran, den Aufenthalt abzubrechen, um in eine wärmere Gegend weiterzureisen, als eine Verkäuferin mir einen Pullover mit dicken blau-weißen Längsstreifen reichte. Abgesehen davon, dass er viel zu klein war, sah ich damit aus wie eine Inkarnation von Obelix. Ich wollte ihn gerade wieder zurückgeben, als meine Partnerin meinte, was eigentlich mein Problem sei. Schließlich seien hier alle Menschen so gekleidet, warum also sollten sie ausgerechnet mein Outfit komisch finden?

Resigniert kaufte ich das Teil. Doch entgegen meiner Erwartung, von allen komisch angesehen zu werden, stellte ich ziemlich schnell fest, dass außer mir niemand etwas an meinem Oberteil auszusetzen fand.

Wer bereit ist, sich auf die Idee einzulassen, dass er alles finden wird, was er braucht, wird mit Erstaunen feststellen, wie wenig er tatsächlich benötigt, um seiner Sehnsucht zu folgen. Was außer dem, das wir gerade am Körper tragen – unserem Reisepass und ein bisschen Geld –, brauchen wir denn wirklich für die Erfüllung unserer Träume?

Bis heute ist mein Rucksack selbst auf mehrmonatigen Touren so klein, dass ich ihn als Handgepäck mit ins Flugzeug nehmen kann. Denn je weniger wir besitzen, so habe ich mit den Jahren erkannt, desto freier sind wir. Schließlich müssen wir auch als Reisende Tag für Tag all das mit uns tragen, von dem wir uns nicht lösen wollen.

Was kennzeichnet deinen wertvollsten Besitz?

Verzicht

Der Erfolg jeder Reise, so weiß jeder erfahrene Reisende, beginnt mit der Auswahl des passenden Rucksacks. Auch wenn es sich bei oberflächlicher Betrachtung lediglich um ein notwendiges Gepäckstück handelt, wird ihm dieses im Laufe der Reise zu einem Partner werden, mit dem ihn eine Schicksalsgemeinschaft verbindet. Denn ob im überfüllten Zug, im Sammeltaxi oder beim langen Fußmarsch auf der Suche nach einer Unterkunft: Wo der Reisende ist, dort wird auch sein Rucksack sein.

Es lohnt sich also, auf die Auswahl ein wenig Mühe zu verwenden, die über die reine Beurteilung von Material und Aussehen hinausgeht. Abgesehen davon, dass ein Rucksack natürlich möglichst gut am Rücken anliegen sollte, besteht sein einziger Zweck darin, dass wir unsere Sachen darin verstauen und transportieren können. Mag das verfügbare Zubehör wie dick gepolsterte Träger oder Bauch- und Brustgurte im Geschäft auch noch so schick aussehen, am Ende hat alles ein Preisschild. Auch wenn dieses im konkreten Fall nichts mit Geld zu tun hat. Solange der Rucksack leer ist und wir mit ihm nur ein paar Schritte durch den Laden laufen, fühlt sich alles wunderbar leicht an.

Das böse Erwachen kommt meist dann, wenn der Rucksack das erste Mal mit uns auf eine richtige Reise geht. Dann fragen sich viele plötzlich, warum sie nicht auf all den unnötigen Schnickschnack verzichtet haben, den sie jetzt ständig mit sich herumtragen müssen.

Wer einmal spätabends zehn Kilometer mit vollem Gepäck auf dem Rücken zu seinem Hotel gelaufen ist, weil er kein Taxi gefunden hat, der lernt spätestens in dieser Situation, dass jedes Gramm einen Unterschied macht. Dennoch sollten wir das Augenmerk bei der Auswahl nicht allein auf Tragekomfort und Leergewicht legen.

Mindestens ebenso wichtig ist nämlich die Größe unseres zukünftigen Begleiters. Für deren Festlegung gibt es eine seit Jahrzehnten bewährte Regel: Der Rucksack, den wir als Erstes ins Auge fassen, ist zu groß. Nicht nur, weil sich mit jedem Liter Volumen das bereits angesprochene Eigengewicht erhöht. Vielmehr unterliegen angehende Reisende meist einem weiteren Irrtum. Auch wenn es oft den Anschein hat, verfügt nämlich kein Gepäckstück über so etwas wie Platzreserven, die man zu Hause frei lässt, um sie erst unterwegs bei Bedarf zu füllen. Ein Rucksack, egal welcher Größe, wird so lange gepackt, bis er fast platzt. Da stopft man nach, auch wenn er eigentlich schon voll ist. Denn hier passt doch noch ein T-Shirt rein, da ein Handtuch und dort eine dritte Zahnbürste. Was, wenn es vor Ort keine zu kaufen gibt?

Wie aber verhindern wir, später unseren kompletten Kleiderschrank auf dem Rücken zu haben? Indem wir uns bereits beim Erwerb des Gepäckstücks einschränken. Tatsächlich habe ich in den dreißig Jahren, die ich nun unterwegs bin, noch niemals einen Reisenden mit zu kleinem, aber sehr viele mit viel zu großem Gepäck gesehen.

Dabei geht es ja gar nicht nur darum, dass wir das Riesending immer mit uns tragen müssen. Vielmehr müssen wir es auch jedes Mal, wenn wir weiterziehen, aufs Neue packen. Auch das kostet Zeit und Nerven.

So bekam ich einmal in China während eines längeren Aufenthaltes ein kostenloses Upgrade auf ein besseres Zimmer. Zu meinem Erstaunen musste ich dazu aber mit dem kompletten Gepäck an der Rezeption antreten, nur um kurz darauf in ein etwas größeres Zimmer umziehen zu dürfen, das meinem alten genau gegenüberlag. Nicht nur damals war ich ausgesprochen froh, mein weniges Hab und Gut mit wenigen Handgriffen verstauen zu können und nicht auf die Hilfe eines ausgeklügelten Packsystems angewiesen zu sein, um überhaupt alles unterzubringen.

Anders ausgedrückt, kann uns die Wahl eines kleinen Reiserucksacks bereits vor Antritt der Reise dabei unterstützen, Verzicht zu üben. Eine Idee, die oft einen komischen Beigeschmack hat. Viele sehen in Verzicht nämlich nur eine elegante Umschreibung für die Tatsache, dass wir uns etwas nicht leisten können.

Bewusst geworden ist mir das, als ich einmal beiläufig bemerkte, dass ich eine kleine Pension einem großen Haus mit fünf Sternen vorziehe. Sofort musste ich mir anhören, dass hier doch nur der Neid des Besitzlosen aus mir spräche! Niemand, der es sich tatsächlich leisten könne, verzichte freiwillig auf Komfort.

Mal ganz abgesehen davon, dass es keinen etwas angeht, was ich mir leisten kann und was nicht, gibt es denn wirklich keine anderen Gründe, auf etwas zu verzichten, als einen Mangel an Geld? Weitergedacht dürfte dann ja kein Reisender seine Unterkunft mehr danach auswählen, ob er sich in ihr wohlfühlt. Vielmehr müsste er sich fragen, wie jene Menschen seinen Schlafplatz beurteilen, die ihn niemals zu Gesicht bekommen werden. Warum aber sollten wir uns auf einer Reise überlegen,

wie unser Umfeld die Übernachtungsgelegenheit bewerten würde? Ob sie den anderen genehm wäre oder ob sie diese ablehnen würden, weil sie sich zu gut wären, sie überhaupt zu betreten?
Ich verzichte, wo immer möglich, auf diese High-Class-Unterkünfte. Das hat etwas mit der unerfreulichen Erfahrung zu tun, dass ich in einem Top-Hotel meist nur eine Nummer bin. Gleichgültig, wie viel das Zimmer auch gekostet haben mag: Habe ich einmal ausgecheckt, kennt man mich nicht einmal mehr an der Rezeption. Nun hängt mein persönlicher Komfort beim Reisen aber nicht von einem riesigen Badezimmer ab oder davon, dass mir ein dienstbarer Geist das Bett zum Schlafen aufdeckt oder die Vorhänge zuzieht. Das mag für manchen fein sein, mich nervt es nur. Was mich hingegen glücklich macht, sind Mitarbeiter, die mir unkompliziert das Hemd überbügeln, wenn ich zu einem Vortrag muss. Oder Hotelbesitzer, die sich beim Frühstück zu mir setzen. Ein wunderbarer Service, den nur der findet, der bereit ist, auf den vermeintlich so schönen Schein zu verzichten.
Eine weitere Dimension des Themas lernt der Reisende in Asien kennen. Nirgendwo ist meiner Erfahrung nach die Kluft zwischen jenen, die einen Kontinent nur aus klimatisierten Reisebussen und Hotelzimmern sehen, und denen, die den Mut haben, in das Leben vor Ort einzutauchen, größer. Tempel, Paläste und alle anderen touristischen Attraktionen sehen nämlich in Wirklichkeit ganz genauso aus wie auf den Bildern im Reiseführer. Die Seele Asiens aber liegt dahinter. Sie kann man nicht besichtigen, weil sie erlebt werden will.

Wie erstaunt werde ich oft von Bediensteten am Bahnhofsschalter gemustert, wenn ich Fahrkarten für die dritte Klasse bestelle. Für mich ist das eine prinzipielle Entscheidung, die weniger mit dem Preis zu tun hat, als mit meinem Wunsch, so unterwegs zu sein, wie es auch die Einheimischen sind. Doch nicht nur einmal bekam ich statt des gewünschten Fahrscheins ganz ohne Kommentar Fahrkarten für die erste Klasse überreicht. Weise ich freundlich auf den Fehler hin, wird nachgefragt: Ob ich mir auch wirklich sicher sei? Normalerweise, so erfahre ich dann, könne es Ausländern gar nicht luxuriös genug sein. Wozu aber bereist jemand ein Land, wenn er nicht bereit ist, sich dort auf das Leben einzulassen, wie es nun einmal ist?
Am Ende bewirkt unser Unwille, auf Dinge zu verzichten, noch etwas anderes. Wer über die Dinge verfügt, die wir begehren, bekommt dadurch Macht über uns. Er kontrolliert unsere Zufriedenheit und kann sie steuern. Anders gesagt, kann er darüber bestimmen, ob wir glücklich oder unglücklich sind. Verhandeln wir mit so jemandem, ist es niemals ein Gespräch auf Augenhöhe. Vielmehr degradiert uns unser Verlangen zu Bittstellern, die nehmen müssen, was sie bekommen.
Oft stelle ich mit Erstaunen fest, wie viele Touristen bereit sind, für ein bescheidenes Zimmer einen unverschämt hohen Preis zu bezahlen, nur um daheim erzählen zu können, in welch angesagtem Haus sie abgestiegen seien. Wem möchte so jemand eigentlich etwas beweisen?
Nun ist es eine altbekannte Tatsache, dass wir im Großen genau so handeln, wie wir im Kleinen denken. Wer lieber so lange auf eine Reise verzichtet, bis er sich irgendwann die Luxus-Variante leisten kann, der wird auch dort

abwarten, wo es darum geht, das eigene Leben zu verändern. Entweder ist das perfekte Traumleben sofort verfügbar oder er bleibt trotzig bei dem, was bisher war. Aber bringt dieses Verhalten nicht viel größeren Verzicht mit sich?

Warum aber fällt es uns eigentlich derart schwer, Abstriche zu machen? Warum muss es selbst dort immer das Beste und das Teuerste sein, wo wir uns mit dieser Denkweise vor allem Nachteile erkaufen?

Meiner Meinung nach liegt das meistens daran, dass wir uns heute mehr denn je zuvor über unseren Besitz definieren und nicht über das, was wir sind. Wir lernen schon früh, andere Menschen danach zu beurteilen, ob sie teure Klamotten tragen oder einen schicken Sportwagen fahren, obwohl wir doch auf jenen Menschen neugierig sein sollten, der sich hinter der Fassade verbirgt.

Selbst vielen Touristen scheint mittlerweile eine teure Ausrüstung und eine standesgemäße Unterbringung wichtiger zu sein als all das, was sie unterwegs erleben. Wer in guten Hotels absteigt, der muss unbestritten Geld haben. Aber wer sagt uns, dass derjenige, der günstig unterkommt, keines hat? Und warum ist das überhaupt interessant?

Nirgendwo kann man die schlichte Schönheit des Verzichts so deutlich erleben wie unterwegs. Bis heute liegt für mich eine der größten Freuden des Reisens darin, mir um viele Dinge keine Gedanken machen zu müssen. Weder muss ich ordentlich aussehen noch teuer gekleidet sein. Ich muss nichts anderes, als mich wohlfühlen. Niemand interessiert sich im tiefsten Indien oder im malaysischen Dschungel dafür, ob mein T-Shirt zur Hose passt. Warum sollte ich es dann aber selbst tun?

Bewusster Verzicht, so habe ich mit der Zeit gelernt, macht glücklich, weil er uns frei macht. Frei von Konventionen, Ängsten und Ärger. Er lehrt uns, das Unwichtige loszulassen, damit wir das, worauf es wirklich ankommt, mit offenen Armen empfangen können.

Worauf könntest du niemals verzichten?

Zeit

Viele Jahre lang war es in Asien üblich, dass selbst in den günstigsten Unterkünften im Preis für die Übernachtung das Frühstück eingeschlossen war. Nicht nur lernte man hier meist die wirkliche Landesküche kennen, die morgendliche Zusammenkunft war auch aus anderen Gründen ein Pflichttermin: Es war eine Möglichkeit, mit den anderen Reisenden in Kontakt zu kommen, die wertvolle Informationen über das eigene Reiseziel hatten. Vor allem Antworten auf Fragen wie »Wo hast du dein Visum für das Nachbarland besorgt?« oder »Welcher Grenzübergang ist für Fußgänger geöffnet?« standen hoch im Kurs.
Doch zum Kennenlernen tauschte man sich zuerst einmal über Name, Herkunft und das nächste Reiseziel aus. Dann folgte meist die spannendste Frage: Wie lange bist du schon unterwegs? Wer weniger als ein halbes Jahr auf Tour war, konnte sein Gesicht retten, indem er zugab, die Reise gleichsam gerade erst begonnen zu haben. Beeindrucken konnte man nämlich mit dieser Zeitspanne niemanden.
Ich erinnere mich noch an Mitreisende, die bereits seit zwei, fünf oder gar zehn Jahren unterwegs waren, ohne dass sie planten, in absehbarer Zeit nach Hause zurückzukehren. Nicht zuletzt dank ihnen verbinde ich bis heute Reisen mit dem wunderbaren Gefühl, unterwegs alle Zeit der Welt zu haben.
Zugegeben, ich hatte damals sonst auch nichts, über das ich so frei verfügen konnte. Meine finanziellen Möglichkeiten waren derart eingeschränkt, dass mein Tages-

budget in etwa dem Preis eines Mittagessens in einem günstigen europäischen Restaurant entsprach. Von dieser Summe musste ich die Übernachtung genauso bezahlen wie das Essen, allfällige Eintritte und den Transport.
Wohl auch deshalb erkannte ich schon recht früh, dass gerade beim Reisen Zeit auch Geld ist. Nichts kann so teuer werden, wie der Versuchung zu erliegen, möglichst schnell unterwegs zu sein. Eine Einsicht, die mir viele Jahre später auf einer längeren Tour durch China wieder in den Sinn kam.
Auf dem Weg von Beijing nach Shaolin dachte ich daran, dass ich noch in den Neunzigerjahren für diese Strecke mehr als achtzehn Stunden benötigt hatte. Von Zheng Zhou, wo der Nachtzug, der die Hauptstadt am Abend verließ, in den Morgenstunden ankam, ging es drei Stunden lang in einem kleinen, meist überfüllten Bus nach Deng Feng, von wo aus das Taxi noch einmal etwa dreißig Minuten bis zum Kloster benötigte. Alles in allem verschlangen die Kosten für die Fahrt in etwa das Budget eines Tages, die ich aber zumindest teilweise dadurch einsparen konnte, dass ich kein Hotel benötigte.
Heute ist Shaolin von der über tausend Kilometer entfernten Hauptstadt über eine neue Schnellstraße und mit einem Schnellzug in knappen fünf Stunden erreichbar.
Nicht nur hat diese schnelle Erreichbarkeit dem legendären Ort leider viel von seinem Mythos genommen, auch die Kosten für diesen Hochgeschwindigkeits-Transport sind im Vergleich etwa viermal so hoch wie für den langsamen. Doch abgesehen vom Preis und der Tatsache, dass die für China typischen Bergformationen, Reisfelder und ursprünglichen Dörfer derart schnell an einem vorbeirasen, dass man sie gar nicht mehr mitbekommt, frage ich

mich noch etwas anderes: Was machen wir eigentlich mit dieser so hektisch eingesparten Zeit?
Bleiben wir aber noch kurz beim Geld. Das geht bei Schnellreisenden nicht nur für die vergleichsweise höheren Ticketpreise drauf. Wer jeden Tag an einem anderen Ort sein will, bekommt das auch aus anderen Gründen kaum budgetschonend hin. Da man heute Flüge oft zu tatsächlichen Schnäppchenpreisen bekommt, übersehen viele, dass sich die Ausgaben mit diesen noch lange nicht erschöpfen. Der Zug zum Flughafen, der überteuerte Snack, den man sich dort gegen den schlimmsten Hunger leistet, die Fahrt vom Zielflughafen in die Stadt, für die man nachts ein Taxi nehmen muss, und das für die eine Nacht etwas teurere Hotel summieren sich schneller, als man es bemerkt.
Doch selbst jene Optionen, mit denen man auf den ersten Blick auf Dauer Zeit und Geld in einem sparen kann, erweisen sich schnell als kostenintensive Falle.
So kam ich in jener Zeit, als ich sprichwörtlich noch auf jeden Cent schauen musste, eines Tages auf die Idee, wo immer möglich mit dem Nachtbus zu fahren. Damit würde ich, so meine Überlegung, gleich zwei Fliegen auf einen Schlag erwischen. Nicht nur konnte ich das Geld für die Übernachtung einsparen, da ich ja im Bus schlafen würde. Vielmehr brachte das Ganze auch eine Zeitersparnis mit sich, da ich nicht ganze kostbare Tage damit verlor, von A nach B zu kommen.
Recht schnell musste ich aber erkennen, dass meine Rechnung im Wortsinn nicht aufging. Statt des erwarteten finanziellen und zeitlichen Vorteils hatte ich mir in Wahrheit nur Nachteile erkauft. Wer jemals eine Nacht im Sitzen verbracht hat, der weiß, dass man danach in der Früh in einer Verfassung ist, in der man sich nichts an-

deres wünscht als ein Bett. Statt also den Tag wie geplant mit vielen Besichtigungen zu verbringen, war ich die folgenden Tage so müde, dass ich mich zu nichts aufraffen konnte. Um zumindest jenes Programm zu absolvieren, für das ich extra angereist war, musste ich meinen Aufenthalt wohl oder übel verlängern.

Das war natürlich dort besonders ärgerlich, wo der Preis einer einzelnen Übernachtung bereits das Doppelte meines Tagesbudgets ausmachte. Statt an diesem teuren Ort wie geplant eine oder höchstens zwei Nächte zu verbringen, wurden es so vier oder fünf. Auch Erschöpfung hat ihren Preis.

Heute reise ich nur dann in der Nacht, wenn es keine andere Möglichkeit gibt. Die durch den Schlafmangel verursachte Unkonzentriertheit kann nämlich noch auf eine ganz andere Art ins Geld gehen: Mangelnde Konzentration bei potenziellen Opfern ist für Taschendiebe überaus attraktiv.

Generell scheint aber die Idee, Zeit zu haben, in den letzten Jahren etwas aus der Mode gekommen zu sein. Ob das den Anbietern touristischer Dienstleistungen geschuldet ist oder diese nur ein Bedürfnis der Reisenden befriedigen, kann ich nicht sagen. Tatsache ist, dass ich am Anfang meiner Reisetätigkeit meine Flugtickets immer mit offenem Rückflugdatum gebucht habe. Die waren zwar je nach Dauer der Gültigkeit etwas teurer, hatten aber den Vorteil, dass man sich nicht von vornherein auf einen bestimmten Rückreisetag festlegen musste. Wollte man also ursprünglich drei Monate reisen, stellte dann aber unterwegs fest, dass das Geld noch für zwei weitere Monate reichte, so brauchte man weder etwas umbuchen noch sonst etwas tun. Erst wenn man sich

entschlossen hatte, den Rückflug anzutreten, ließ man sich vor Ort das entsprechende Datum bestätigen.
Interessanterweise scheinen solche Optionen heutzutage gar nicht mehr nachgefragt zu werden. Sie sind nämlich nicht nur bei Flugreisen verschwunden. Vielmehr muss man heute selbst bei Reisen mit Bahn und/oder Bus – Verkehrsmittel, die immer die Domäne von spontan Reisenden waren – nicht nur den Tag, sondern sogar die Uhrzeit der Rückreise bereits beim Ticketerwerb festlegen. Selbst die Zeit scheint der Mode unterworfen zu sein.
Tatsächlich ist es aber nichts anderes als eine billige Ausrede, wenn wir unseren eigenartigen Umgang mit unserer Lebenszeit auf jemand anders schieben. Schließlich kann man heute bei den meisten Fluglinien auch einzelne Flüge erwerben und hat die gleichen Möglichkeiten wie früher. Interessanterweise scheint aber ausgerechnet diese Unfreiheit, in ihrer Zeitplanung eingeschränkt zu sein, den meisten Menschen ein Gefühl von Sicherheit zu geben.
Wer nämlich über das Jahr verteilt nur fünf Wochen Urlaub hat, muss sich auch nur für diese Zeit selbst überlegen, was er tut. Alles andere wird von anderen für ihn geplant.
Möglicherweise ist meine Annahme falsch, aber sie scheint mir dennoch die einzig logische: Wir sind heute nicht mehr darin geübt, uns die Zeit selbst einzuteilen. Welchen Wert aber messen wir ihr durch unser Verhalten eigentlich zu?
Einerseits höre ich von vielen Menschen, dass die Zeit doch das Einzige sei, was ihnen tatsächlich gehöre. Gleichzeitig aber, und darin liegt für mich der Widerspruch, ist Zeit auch das Einzige, über das sie andere sehr freimütig verfügen lassen.
Man stelle sich nur vor, der Chef würde einem Angestell-

ten sagen, wie viel dieser für seine Schuhe oder sein Abendessen ausgeben darf! Niemand würde sich so etwas gefallen lassen. Warum akzeptieren wir diese Art Eingriff dort, wo es um unsere Lebenszeit geht?
Ich habe schon in vielen meiner Bücher darauf hingewiesen, dass der vermeintliche Tausch von Zeit gegen Geld ein durchaus einseitiges Geschäft ist. Schließlich gibt es keine Möglichkeit, ihn jemals wieder rückgängig zu machen. Geld kann uns alles kaufen, mit Ausnahme dessen, was wir dafür hergeben: unsere Zeit.
Wie schwierig das Verhältnis vieler Menschen zu diesem kostbaren Tauschgut tatsächlich ist, merke ich, wenn ich mit jemandem über das Reisen spreche. Manchmal erzählt mir dann mein Gesprächspartner, wie unglaublich gerne er einmal nach Australien fahren würde. Es sei bereits seit seiner Jugend sein Traumziel, und eines Tages werde er es auch bestimmt besuchen. Auf meine Frage, warum er dann nicht bereits im Flieger sitze, folgt meist ein erstauntes Gesicht. Wenn man schon wohin sechzehn Stunden und mehr anreise, dann müsse man doch mindestens zwei oder besser gleich drei Monate im Land bleiben! Alles andere lohne doch überhaupt nicht. Ein Zeitbudget, über das aber die allerwenigsten Arbeitnehmer verfügen. Prompt lassen sie es lieber gleich ganz sein. Der für mich spannende Aspekt an der Sache ist, dass dieselben Menschen, die nicht bereit sind, diese wenigen Stunden in ihren Lebenstraum zu investieren, umgekehrt keinerlei Problem damit haben, Woche für Woche vierzig Stunden und mehr in einem Büro abzusitzen, ohne dafür irgendeine andere Gegenleistung zu bekommen als etwas Geld. Natürlich könnte man jetzt sagen, dass uns dieses dann ja die ersehnte Freiheit erkaufen kann. Aber

was haben wir davon, wenn wir uns sogar in dieser kostbaren Freizeit fremdbestimmen lassen, weil wir nichts mit ihr anzufangen wissen?
Ich erinnere mich noch gut an eine junge Dame, die ich vor einigen Jahren auf einer Reise getroffen habe. Nachdem wir uns etwas ausgetauscht hatten, wollte ich wissen, wie lange sie denn noch unterwegs sei. Von ursprünglichen vier Wochen, meinte sie, würden ihr noch knapp zwei verbleiben. Aber sie hätte einen ausgeklügelten Plan, der ihr ermögliche, in dieser kurzen Zeit trotzdem noch alle elf geplanten Ziele anzusteuern, bevor es wieder zurück in die Heimat ging. Im Gedächtnis geblieben ist mir vor allem ihre Antwort auf meine Frage, warum sie denn so dringend zurückmüsse: Sie wolle sich, so meinte sie, eine neue Arbeit suchen. Ein Monat Auszeit zwischen Studium und Berufsanfang sei schließlich mehr als genug.
Zeit, so habe ich in diesem Moment verstanden, haben wir nicht. Wir nehmen sie uns oder wir nehmen sie uns eben nicht. Wer aber eine gute Zeit völlig ohne Not beendet, der schadet sich ausschließlich selbst.

Wen lässt du
über deine Zeit bestimmen?

Erwartung

Für jemanden, der wie ich Bücher über Menschen schreibt, ist es immer wieder faszinierend, das Verhalten der von ihm beschriebenen Spezies zu beobachten. Man stellt nämlich bei genauerem Hinsehen fest, dass wir Menschen uns unabhängig von unserer Herkunft in vielen Situationen fast vorhersehbar gleich verhalten. Ein Phänomen, das speziell bei Reisenden besonders ausgeprägt zu sein scheint.

Unter Reisenden gibt es nämlich die große Gruppe derer, die ich als die »Erwartungslosen« bezeichne: Menschen, die nach eigener Aussage niemals etwas erwarten. Immer lassen sie sich freudig von dem überraschen, was sie gerade vorfinden.

Nun scheint mir die Fähigkeit, ohne jedwede Erwartung an eine Sache herangehen zu können, durchaus erstrebenswert, wenngleich ich zugeben muss, nicht in wirklich jeder Situation über sie gebieten zu können.

So kam ich mehr als nur einmal in die missliche Lage, angeblich der Einzige zu sein, der sich unter einer Sehenswürdigkeit etwas anderes, um nicht zu sagen etwas mehr, vorgestellt hatte.

So ging es mir zum Beispiel, als ich mit einer Gruppe ins indische Khajuraho reiste. Ich besuchte diesen abgelegenen Ort wegen der weltberühmten »Erotischen Tempel«. Oder besser gesagt, wegen dieses Namens, ohne den sich wohl niemand in das betreffende Dorf verirren würde. Leider, so erfährt der Reisende vor Ort, sind von

den berühmten erotischen Darstellungen im Tempel nur zwei Prozent erhalten geblieben. Der zweifelsfrei sehenswerte Rest sieht aus wie überall sonst auch.
Nun hatte wohl keiner meiner Mitreisenden das im Sinn gehabt, was sie nachher vorgefunden hatten. Dennoch gaben sie vor, mit dem Vorgefundenen überglücklich zu sein, da sie vorher weder Vorstellungen noch Erwartungen gehabt und einfach alles auf sich hatten zukommen lassen. Angeblich war ich der Einzige, der an der Sinnhaftigkeit der mühevollen Anreise zweifelte.
So gerne ich den anderen nun ihre gedankliche Idylle abgenommen hätte, so unglaubwürdig erschien sie mir. Wer nimmt allen Ernstes eine stundenlange Anfahrt zu einem Ort in Kauf, wenn er nicht erwartet, dort etwas Sehenswertes vorzufinden? Oder anders gefragt, warum quellen Städte wie Bangkok, Beijing oder Singapur vor Touristen fast über, während niemand die tatsächlich idyllischen Dörfer wie Thandalam oder Baishazhen besucht?
Hätten Reisende wie von ihnen behauptet wirklich keine Erwartungen, dann könnten sie ihre Reiseziele nach dem Zufallsprinzip auswählen. Schließlich ist es für sie ja überall gleich schön.
Tatsächlich erzählt so jemand nicht nur anderen die Unwahrheit, er lügt sich auch selbst in die Tasche. Wir Menschen sind nämlich überhaupt nicht in der Lage, keinerlei Vorstellung von etwas zu haben. Selbst wenn wir in einem Roman nichts über das Aussehen des Protagonisten erfahren, ist uns dennoch bereits nach kurzer Zeit klar, wie diese Person aussehen muss. Nur deshalb sind wir dann enttäuscht, wenn das Buch eines Tages verfilmt wird und der Schauspieler keinerlei Ähnlichkeit mit dem Bild in unserem Kopf hat.

Auch wenn viele es nicht wahrhaben wollen, erzeugt jede Erzählung in uns ganz automatisch eine Vorstellung. Das ist ein Vorgang, gegen den wir uns nicht wehren können. Allein die Beschreibung eines Ortes in einem Reiseführer führt ohne unser bewusstes Zutun dazu, dass wir uns förmlich durch den Ort gehen sehen. Wer von der neu gestalteten Promenade liest, an der man abends besonders viele Einheimische trifft, wandelt in Gedanken schon am Meer entlang, während Beschreibungen einer alten kommunistischen Industriestadt wohl nur bei den wenigsten das Bedürfnis wecken, sie zu besuchen.

Hinzu kommt, dass wir diese Beschreibungen und damit unsere Erwartungen meist selbst verstärken. Ich erinnere mich noch, als ich mich das erste Mal in Hongkong aufmachte, in einen Stadtteil mit dem klingenden Namen »Grüne Lagune« zu fahren. Ich hatte genug von dem chaotischen Verkehr in den engen Hochhausschluchten der nur wenige hundert Quadratkilometer großen Millionenstadt und freute mich darauf, ein paar Stunden in der Natur zu verbringen. Als ich die U-Bahn verließ, war meine Überraschung groß. Statt vor der ersehnten Gartenanlage stand ich vor einem Wohnviertel, das zwar tatsächlich in der Nähe des Hafens lag, sich aber sonst nur dadurch von den anderen unterschied, dass die schier endlos in den Himmel ragenden Hochhäuser hier nicht wie sonst überall grau, sondern grün gestrichen waren.

Obwohl diese Erfahrung natürlich nicht meine erste Enttäuschung war, wird sie wohl kaum meine letzte gewesen sein. Schließlich ist die Kraft der Erwartung stärker als jeder Verstand. Wie oft bin ich an Orte gefahren, die berühmt waren und auf Bildern toll aussahen, obwohl ich von jenen, die sie bereits besucht hatten, gewarnt worden war, dass sie langweilig und absolut nicht sehenswert waren.

Manchmal gibt es eben nur einen einzigen Grund, an einen Ort zu fahren: Wir müssen uns persönlich davon überzeugen, dass es wirklich nichts zu sehen gibt. So habe ich zwar manchen angeblichen Sehenswürdigkeiten drei- oder viermal widerstanden, bis ich beim fünften Besuch in der Gegend dann doch bei ihnen gelandet bin. Nur um enttäuscht festzustellen, dass ich mir das Eintrittsgeld hätte sparen können. Ich hatte so lange geglaubt, etwas zu versäumen, bis ich mich endlich mit eigenen Augen vom Gegenteil überzeugt hatte.

Nun entstehen Erwartungen nicht immer zwingend in uns selbst. Vielmehr sind es in den meisten Fällen andere Menschen, die sie mehr oder weniger absichtlich in uns hervorrufen. Andernfalls würde allein das Nennen eines uns nicht bekannten Ortsnamens ausreichen, um ein Bild in unserem Kopf entstehen zu lassen. Tatsächlich helfen uns aber erst Zusätze wie »das berühmte Seebad« oder »die kommunistische Republik« dabei, den Besuch einer Gegend als mehr oder weniger erstrebenswert zu empfinden. Wird das Ganze dann noch mit passenden Bildern umrahmt, ist die falsche Erwartung oft perfekt.

So erinnere ich mich bis heute an meine große Enttäuschung, als ich feststellte, dass die berühmten Pyramiden von Gizeh nicht wie angenommen inmitten einer endlosen Wüste, sondern direkt am Rande der Großstadt Kairo liegen, wo sie mit dem öffentlichen Nahverkehr erreichbar sind. Nicht, dass jemand etwas anderes behauptet hätte, aber der Verfasser des Reiseführers hatte ein stark abweichendes Bild in meinem Kopf entstehen lassen.

Oft habe ich mich gefragt, warum die Kollegen, die Bücher über Reisedestinationen verfassen, nicht etwas ehrlicher sein können. Eigentlich, so war meine ursprüngliche Annahme, könnte es ihnen doch gleichgültig sein, ob ich die von ihnen beschriebene Destination bereise oder nicht. Sieht man genauer hin, erweist sich diese Annahme als Trugschluss. Längerfristig würden sich nämlich für den Fall, dass niemand mehr in die betreffenden Länder fährt, auch entsprechend keine Bücher mehr verkaufen, in denen etwas über diese zu lesen ist. Folglich hat ein Verfasser von Reiseführern weniger die Aufgabe, uns objektiv zu informieren, als vielmehr unsere Sehnsucht zu wecken. Dabei, so scheint es manchmal, ist jedes Mittel recht.

Menschen beeinflussen unsere Erwartungen nicht allein beim Reisen. Aber vor allem in uns unbekannten Gegenden sind wir darauf angewiesen. Schließlich sind wir eher geneigt, in einem Hotel abzusteigen oder in einem Lokal zu essen, in dem jemand anderer schon gute Erfahrungen gemacht hat. Nicht umsonst wimmelt es im Internet von Sternchen, Daumen-hoch- oder -runter-Zeichen und anderen Kommentaren.

Vor vielen Jahren machte ich einmal in einer kleinen Stadt in Vietnam eine interessante Beobachtung. In einem Viertel, das vorwiegend von Touristen frequentiert war, befanden sich direkt nebeneinander zwei Lokale, die beide ein ziemlich identisches Angebot hatten. Doch zu meinem Erstaunen gab es vor dem einen Restaurant regelmäßig eine Warteschlange, während das andere fast immer leer war. Mein Verdacht, der Unterschied könne in der Qualität der Speisen liegen, erhärtete sich genauso wenig wie die Annahme, dass das leere Lokal schlicht zu teuer sei. Ganz im Gegenteil war es sogar fast um die

Hälfte günstiger. Was aber zog dann die Gäste ausschließlich in das gutbesuchte?
Abgesehen davon, dass wir Menschen generell Plätze bevorzugen, die bereits von anderen frequentiert werden, weil wir dort eine höhere Qualität erwarten, erfuhr ich den tatsächlichen Grund einige Tage später. Ich blätterte durch eine Ausgabe eines damals sehr beliebten Reiseführers für Backpacker, der mir an der Rezeption meines Hotels in die Hände gefallen war. Als ich den Bereich »Wo kann man gut essen« erreichte, fiel es mir wie Schuppen von den Augen: Das Lokal ohne Gäste wurde in dem Buch nicht einmal erwähnt, wogegen das andere ausdrücklich empfohlen wurde. Dadurch hatte der Verfasser, der bei den Lesern gewisse Erwartungen geweckt hatte, diesen jedoch einen Bärendienst erwiesen. Aufgrund der hohen Kundenfrequenz hatten die Preise in dem Lokal nämlich so weit angezogen, dass es mir schlicht zu teuer war. Häufig saß ich daher allein beim Nachbarn und bemitleidete alle, die für ein halb so gutes Essen das Doppelte bezahlten.
Erwartungen, so habe ich im Laufe der Jahre gelernt, richten sich am Ende immer gegen uns. Gleichgültig, ob andere Menschen sie für uns oder wir selbst sie aus Überheblichkeit und Gier erzeugen. Ein Umstand, der sich bei Reisenden zum Beispiel in der Frage äußert, ob sie auf eine Tour zumindest ein kleines Handtuch mitnehmen sollen. Während so etwas für mich zur Standardausrüstung gehört, werde ich oft gefragt, wozu ich etwas derart Unnötiges mit mir herumschleppe. Schließlich wäre es doch wohl das Mindeste, was man an Service in einer Unterkunft erwarten könne, selbst wenn es sich um ein günstiges Guesthouse handle. Nun sind Erwarten

und Bekommen bekanntermaßen zwei verschiedene Dinge.
Nur weil wir von etwas ausgehen, bedeutet das noch lange nicht, dass dem dann auch so ist. Ein Umstand, der auch für Unterkünfte gilt. Nicht nur einmal habe ich andere Reisende im Nebenzimmer laut schimpfen gehört, weil sie nass in der Dusche standen und nicht wussten, womit sie sich abtrocknen sollten. Traurig, dass dieses Verhalten auf seine Art symptomatisch dafür ist, wie wir Menschen denken. Wir erwarten einfach, dass sich andere um uns und unser Wohlbefinden kümmern. Geschieht das nicht, dann wissen wir zumindest immer, wer daran schuld ist: alle anderen, nur nicht wir selbst.
So erging es übrigens auch jenem Kollegen, der sich seinen Körper am Ende fluchend mit Toilettenpapier abgetrocknet hat. Doch am nächsten Tag, bei einer neuen, überbewerteten Sehenswürdigkeit angekommen, hat er wohl wieder erwartungslos alles so genommen, wie es eben war.

Was erwartest du?

Hingabe

An meine erste Asien-Reise, die mich Anfang 1991 in Thailands Hauptstadt Bangkok führte, werde ich wohl mein Leben lang denken. Dabei war es nicht einmal der weiteste Trip gewesen, den ich bis dahin gemacht hatte. Vielmehr hatte ich Europa bereits einmal verlassen, um vier Monate lang allein durch Australien zu reisen. Doch das, was nun vor mir lag, war etwas anderes. Es war eine Reise in eine völlig neue Welt.

Bis heute erinnere ich mich an das Gefühl, als ich das klimatisierte Flughafengebäude verließ. Als sich die Schiebetüren hinter mir schlossen, hatte ich auf einmal den Eindruck, in einem Badezimmer zu stehen, in dem jemand viel zu heiß geduscht hatte. Die Wärme war so feucht, dass meine Kleidung bereits nach wenigen Sekunden am Körper klebte. Am liebsten hätte ich kehrtgemacht. Dazu kam der erste Kontakt mit dem ungewohnten Geruch Asiens. Eine süßliche Mischung aus Essen, Abgasen und dampfender Luft, die mir bis heute im Gedächtnis geblieben ist.

Asien, so schien es mir in diesem Moment, war laut, heiß und vor allem überfordernd. Trotz allem war es Liebe auf den ersten Blick. Ich hatte das Gefühl, ich sei nach langer Suche endlich zu Hause angekommen. Von nun an sollte kein Jahr mehr vergehen, ohne dass ich dem Kontinent einen Besuch abstattete.

Da ich vor allem das asiatische Lebensgefühl in mich aufsaugen wollte, plante ich, die bedeutenden touristischen Hotspots nur am Rande zu streifen und vor allem durch noch unerschlossene Gegenden zu reisen, die nur von wenigen Ausländern besucht wurden. Zu groß schien den meisten Reisenden nämlich die Herausforderung, die das Unterwegssein in diesen Regionen mit sich brachte. Neben vielem anderen musste ich mangels einer englischen Speisekarte immer wieder mein Essen durch Zeigen auf die Teller der anderen Gäste auswählen und mittels tierischer Laute klarstellen, dass ich kein Fleisch aß.

Hinzu kam, dass ich auf dieser Tour auch beruflich unterwegs war. Im Auftrag einer großen Tageszeitung sollte ich eine Reportage über Kinderprostitution schreiben und fotografieren. Eine Arbeit, die mich nach vielen Gesprächen mit teilweise erschreckend jungen Mädchen zum ersten Mal in meinem Leben in einen thailändischen Slum führte.

Was hatte ich nicht alles darüber gehört, bevor ich gemeinsam mit einem Sozialarbeiter eines dieser im Westen so übel beleumundeten Viertel betrat! Ich könnte heute nicht mehr sagen, was ich mir damals vorgestellt habe. Wahrscheinlich hatte ich vor meinem geistigen Auge halbverhungerte Menschen gesehen, die im Dreck dahinvegetierten und jeden Besucher um alles erleichterten, was er bei sich trug. Entsprechend hatte ich bereits vor dem Abmarsch meine Fotoausrüstung reduziert und auch sonst alles im Hotel gelassen, was ich nicht unbedingt zu benötigen glaubte. Gleichzeitig stellte ich mich darauf ein, die Bilder möglichst so zu schießen, dass niemand etwas davon mitbekam. Ich wollte schließlich wieder lebend und nach Möglichkeit nicht komplett ausgeraubt aus der Sache herauskommen.

Doch auf das, was ich am Ende zu sehen bekam, hätte mich nichts im Leben vorbereiten können. Anstelle des erwarteten Horrors begrüßten mich lebensfrohe, lachende Menschen, die aus zwar einfachen, aber durchweg sauberen Häusern kamen. Zu meinem Erstaunen schienen sie sich darüber zu freuen, dass ein Fremder sich für sie und ihr Leben interessierte. Voller Stolz führten sie mich durch ihr Reich. Sie zeigten mir die kleinen Läden, die sie mit allem Notwendigen versorgten, den Zugang zum Fluss, der ihnen als Waschgelegenheit diente, und den Billardtisch, den einige geschickte Jugendliche aus Abfällen zusammengebaut hatten. Sie posierten für Fotos und öffneten ihre Unterkünfte für mich. Statt der erwarteten Angst verspürte ich vielmehr Zufriedenheit und Sicherheit.

Als ich Stunden später in meine heile Welt zurückkehrte, war ich verwundert und verwirrt zugleich. Nichts von dem Erlebten hatte auch nur im Entferntesten meiner Vorstellung entsprochen. Natürlich verfügten die Bewohner des Slums über viel weniger Geld als die meisten anderen Einwohner der Stadt. Andernfalls hätten sie kaum in einem Armenviertel gewohnt. Aber waren sie deshalb wirklich weniger glücklich als diejenigen, die außerhalb des Slums lebten?

Am dankbarsten war ich den Menschen, die mir den Zutritt zu ihrer eingeschworenen Gemeinschaft ermöglicht hatten, für das, was sie mich lehrten: Wir vergeben erstaunlich viele Möglichkeiten und Einsichten, wenn wir nicht bereit sind, anderen Menschen auf Augenhöhe zu begegnen. Denen, die vermeintlich unter uns stehen, ist es meist gleichgültig, was wir über sie denken. Diejenigen, die etwas versäumen, wenn wir uns nicht mit Hingabe auf sie einlassen, sind allein wir.

Genau an diese Einsicht musste ich viele Jahre später

wieder denken, als ich als Reiseleiter eine Gruppe durch Varanasi führte. Wie schon erwähnt, weiß ich nicht, ob es eine zweite Stadt auf der Welt gibt, in der die Extreme so nah beisammenliegen. Speziell die Promenade neben dem für Hindus heiligen Fluss Ganges ist für unerfahrene Reisende gewöhnungsbedürftig. Hier werden auf Betonkonstruktionen, die an überdimensionale Grills erinnern, auch die Toten verbrannt, damit ihre Asche möglichst schnell dem Wasser übergeben werden kann. Im Gegensatz zu dem, was ein westlicher Tourist erwartet, geschieht das aber weder hinter einer Mauer noch hinter einem anderen Sichtschutz. Vielmehr brennen die Leichen direkt neben den Spaziergängern, die dort flanieren, essen oder sich von einem der vielen Gurus beraten lassen.

Ich möchte das Geschehen nicht werten, auch wenn ich zugebe, dass es mich durchaus fasziniert. Wer nämlich bereit ist, sich darauf einzulassen, findet einen für Europäer sehr neuartigen, weil offenen Zugang zum Thema Tod.

Nachdem wir sehr zeitig in der Früh mit kleinen Booten auf den Fluss hinausgefahren waren, um an der Morgenzeremonie teilzunehmen, kam plötzlich eine Dame aus der Gruppe auf mich zu. Da sie das erste Mal in Asien unterwegs war, hatten wir uns immer wieder über meine Faszination für diesen Kontinent und seine Besonderheiten unterhalten. Doch diesmal war ihr das, was sie sah, offensichtlich zu viel.

»Sagen Sie mal«, fragte sie mit erhobener Stimme, »was gefällt Ihnen eigentlich hier? Der Dreck, die Armut, der Gestank?«

Ich weiß noch, dass mich diese unerwartete Attacke ziemlich berührte. Was sollte ich ihr denn darauf antworten? Nein, natürlich war es nichts von dem Aufgezählten, was mich so anzog. Die von ihr angesprochenen Dinge waren die Oberfläche, unter der sich das verbarg, was Asien seit jeher für mich ausmacht. Dennoch verstand ich mit einem Mal, dass es nicht jedem Menschen möglich ist, sich auf etwas einzulassen, das seinen Vorstellungen widerspricht.

Es geht hier nicht um die Frage, ob ich es lieber schmutzig oder sauber habe. Es geht einzig um die Frage, ob ich bereit bin, etwas auch dann anzunehmen, wenn mir die Verpackung nicht gefällt.

Nach den vielen Gesprächen, die ich mit der betreffenden Dame gehabt habe, bin ich mir nämlich bis heute sicher, dass sie den Inhalt durchaus gemocht hätte, wäre es ihr nur möglich gewesen, bis zu ihm vorzudringen. Immer wieder hatte sie mir erzählt, wie sehr sie schon als Kind von der indischen Philosophie fasziniert gewesen sei. Aber mein freundlicher Appell, sich doch einfach auf das einzulassen, was sie sah, verhallte ungehört. So war die Reise für sie nach diesem Erlebnis gelaufen, und ich bin mir sicher, dass sie nie wieder an diesen faszinierenden Ort zurückgekehrt ist.

Es muss aber gar nicht einmal immer etwas derart Extremes sein, das unsere Fähigkeit zur Hingabe zerstört. Häufig reicht es schon, dass wir vorab genug Schlechtes über ein Land hören. Auf einer Reise, bei der meine Leser mich drei Wochen lang mit öffentlichen Verkehrsmitteln durch China begleiten konnten, hatte ich einen sehr interessierten jungen Mann dabei. Er wirkte aufgeschlossen, obwohl ihn sichtlich irritierte, dass das, was er vorfand, nichts mit dem zu tun hatte, was er zu Hause viele Jahre lang in den Zeitungen gelesen und in anderen Medien gehört hatte. So war er einerseits durchaus davon beeindruckt, dass ihm das Leben der Chinesen recht unbeschwert zu sein schien, und ich hatte auch den Eindruck, dass ihm gefiel, was er sah. Hätte er nicht ständig die Idee im Hinterkopf gehabt, dass das Land doch eine Diktatur ist, in der es so etwas wie Freiheit einfach nicht geben kann.

Als wir an einem Abend von begeisterten Menschen dazu eingeladen wurden, gemeinsam mit ihnen in einem Park zu tanzen, hielt er es nicht mehr aus und fragte mich: »Unter ihren Ketten scheinen die Chinesen ja tatsächlich ganz glücklich zu sein, nicht wahr?«

Ich glaubte zuerst, mich verhört zu haben. Schließlich waren wir zu dem Zeitpunkt schon seit mehr als zwei Wochen im Land und dabei Einheimischen aller Couleur begegnet. Schulkinder hatten genauso mit uns Selfies gemacht wie Polizisten oder Inhaber von Garküchen, und immer war den Mitreisenden vor allem die fröhliche Leichtigkeit aufgefallen, die von den Menschen ausging. Dennoch konnte nicht sein, was nicht sein durfte. Und dazu gehörte eben, dass es in einer Diktatur keine Freiheit gibt.

Ich möchte an dieser Stelle nicht bestreiten, dass sich die Werte vieler Chinesen durchaus von unseren europäischen unterscheiden. Doch genauso, wie wir vieles als eigenartig empfinden, was manche Asiaten tun und denken, so geht es auch ihnen mit uns Europäern. Gleichzeitig ist es aber nicht unsere Aufgabe, darüber zu urteilen, wie andere Menschen leben wollen.

Oft werde ich in diesem Zusammenhang gefragt, worin ich eigentlich den Unterschied zwischen einem Reisenden und einem Touristen sehe. Der Reisende, so pflege ich dann zu antworten, kommt als Gast. Der Tourist hingegen kommt als zahlender Kunde, der die Dinge so vorzufinden wünscht, wie er sie sich vorstellt oder von zu Hause kennt. Wer so denkt, vergibt sich nicht nur das Wohlwollen jener Menschen, deren Land er besucht. Er vergibt sich vielmehr auch jedwede Möglichkeit, von ihnen etwas zu lernen.

Bist du Reisender oder Tourist?

Neugier

Eines Tages schlenderte ich in Thailand durch ein kleines Dorf. Obwohl ich seinen Namen im Laufe der Jahre vergessen habe, wird mir dieser Ort für immer in Erinnerung bleiben. Nachdem es mir aufgrund meiner nicht vorhandenen Sprachkenntnisse meistens zu mühsam war, Essen in einem Lokal zu bestellen, hatte ich mir angewöhnt, in einem der vielen kleinen Läden etwas zum Mitnehmen zu kaufen und es dann unterwegs auf einer Bank zu verzehren. Das hatte den zusätzlichen Vorteil, dass ich anders als in einem Restaurant nicht allein war, weil ich die vorbeigehenden Passanten beobachten konnte.
Eines Tages hatte ich mich gerade zum Essen gesetzt, als ich eine ältere Dame mit einem kleinen Kind an der Hand in meine Richtung kommen sah. Als sich die beiden mir näherten, blickte ich kurz auf, nickte freundlich und widmete mich wieder meinem Essen. Ich nahm an, dass sie ohnehin weitergehen würden. Doch zu meiner Überraschung blieb die Dame, wahrscheinlich die Großmutter des Kindes, direkt vor mir stehen und starrte mich an. »Offenbar ist es in Thailand nicht üblich, auf der Straße zu essen«, schoss es mir durch den Kopf. Doch die Dame tippte dem Kind in Seelenruhe auf die Schulter und deutete mit ausgestrecktem Arm auf mich. Sie vergewisserte sich, dass der Kleine mit seinem Blick ihrer Hand folgte, und sagte etwas zu ihm. Obwohl ich kein Thai verstand, war mir ein Wort dennoch bekannt. Falang. Egal, ob im Supermarkt oder an der

Busstation, jeder, der meine Anwesenheit bemerkte, machte damit umgehend lautstark seine Umgebung auf mich aufmerksam.

Der Begriff, eine ursprünglich abwertende Bezeichnung für die französischen Besatzer, hatte sich im Laufe der Jahre zu einer allgemein gebräuchlichen Bezeichnung für weiße Ausländer gewandelt. Wie geheißen starrte mich nun das Kind an. Seinem Gesichtsausdruck nach, der eine Mischung aus Respekt und Neugier verriet, sah es zum ersten Mal einen Alien wie mich.

Nach einiger Zeit hatten sich die beiden sattgesehen und zogen grußlos von dannen. Doch dauerte es keine zehn Minuten, bis die Dame wieder zurück war. Diesmal hatte sie fünf kleine Kinder an der Hand, die alle gehorsam das Wort »Falang« wiederholten, während sie mich aufmerksam musterten.

Ein Mädchen, das ich auf etwa fünf Jahre schätzte, sah mich eine Zeit lang verlegen an. Dann rang sie sich dazu durch, mich etwas zu fragen. Da ich mir nicht einmal ungefähr vorstellen konnte, was die Kleine von mir wollte, antwortete ich auf Deutsch: »Es tut mir leid, aber ich verstehe dich nicht!« Ich habe ja keine Ahnung, wie meine Muttersprache für Asiaten klingt. Aber das Gelächter, das meinen Worten folgte, sprach Bände. Die Gruppe blieb noch eine Zeit lang stehen, dann winkten mir alle glücklich lächelnd zu und verschwanden so leise, wie sie gekommen waren.

Damals wurde mir zum ersten Mal klar, wie viel von unserer natürlichen Neugier wir in unserer distanzierten westlichen Kultur bereits verloren haben. Man stelle sich nur vor, die eben beschriebene Szene hätte sich in Europa abgespielt! Ich höre die Großmutter förmlich, wie sie zu ihrer Enkelin sagt: »Du kannst doch nicht einfach wildfremde Menschen ansprechen! Was sollen die sich denn denken?« Dabei hatte mich gerade die offene Neugier dieser Menschen damals derart beeindruckt, dass ich mich selbst nach dreißig Jahren noch daran erinnere.

Ich bin überzeugt, dass nur eine gesunde Neugier uns die Tore zu neuen Welten öffnen kann. Wer seine Neugier unterdrückt, hört nämlich zuerst auf, sich zu entwickeln, und dann damit, zu leben. Dennoch wird uns bereits als Kind abgewöhnt, einfach zu fragen. Mit der Zeit glauben wir selbst so fest daran, keine Antworten zu bekommen, dass wir uns irgendwann tatsächlich scheuen, unsere Fragen zu stellen.

Was, so denken wir uns sofort, wenn die Fragerei unhöflich wirkt? Dabei ist unsere Neugier heute größer als jemals zuvor. Kaum lernen wir jemanden kennen, versuchen wir auch schon, alles über die betreffende Person herauszufinden. Doch statt direkt zu fragen, recherchieren viele lieber hintenherum. Eine Idee, die einem Großteil der Asiaten bis heute fremd ist.

Neugier wird in Asien nämlich ganz anders als bei uns als Interesse an der Person verstanden. So führte ich einmal eine Gruppe mit öffentlichen Verkehrsmitteln quer durch China. Da wir vor allem Gegenden bereisten, die nur sehr selten von Ausländern frequentiert wurden, waren wir in den Zügen und Bussen meistens die einzigen Nicht-Chinesen. Auf einer der Zugfahrten bemerkte ich, dass die Mitreisenden meine Teilnehmer und mich mit unverhohlener Neugier musterten. Auch wenn ich so tat, als verstünde ich kein Wort, hörte ich die anderen Passagiere darüber diskutierten, woher wir wohl seien. Der erste Tipp war der übliche: »Mei guo«, das »schöne Reich«, wie die Chinesen Amerika zu nennen pflegen. Doch ein junger Mann widersprach. Die Sprache, in der wir uns unterhielten, klinge nicht wie Englisch, so viel könne er sagen. Gespannt wartete ich, was weiter passieren würde. Schließlich schien keiner der Chinesen eine Fremdsprache zu sprechen. Doch die Neugier war groß genug, auch diese Hürde zu überwinden. Denn noch während die anderen diskutierten, schrieb einer der Passagiere etwas auf seine Fahrkarte. Er stand auf, kam zielstrebig auf mich zu, reichte mir das Papier und blickte mich erwartungsvoll an.

Auch wenn ich etwas Mühe hatte, die krakelige Handschrift zu entziffern, konnte ich die Worte »Aus welchem Land kommt ihr?« lesen. Offensichtlich hatte sich bereits herumgesprochen, dass ausländisch aussehende Menschen einen chinesischen Dialekt sprachen, den niemand außer ihnen selbst verstehen konnte. Ein Umstand, an den man sich in einem Land, in dem fast jede Region ihre eigene Sprachfärbung hat, schon lange gewöhnt hat. Denn selbst wenn ein Chinese aus Beijing seinen Landsmann aus Hongkong nicht einmal dann versteht, wenn dieser langsam und deutlich spricht, haben die beiden trotzdem eine Möglichkeit zur Kommunikation. Seit fast 2000 Jahren verbindet alle Chinesen unabhängig von ihrer Sprache eine auf Zeichen basierende Schrift, die jeder schreiben und lesen lernt. Da es sich bei den einzelnen Zeichen um Symbole handelt, sind sie unabhängig von Ausspracheregeln verständlich. Man kann sich also mit anderen Worten schriftlich auf Chinesisch verständigen, ohne auch nur den Funken einer Ahnung zu haben, wie man das betreffende Wort spricht.

Als ich mich daranmachte, die Nachricht zu lesen, herrschte gespannte Stille im Waggon. Alle Blicke waren auf mich gerichtet. Dann wurde erleichtertes Gelächter laut, als ich verriet, dass die Teilnehmer der Reise aus Österreich, Deutschland und der Schweiz kamen. Der freundliche Chinese konnte sich natürlich nicht sicher sein, dass ich die Zeichen lesen konnte. Trotzdem hatte er es zumindest versucht, und der Erfolg hatte ihm recht gegeben.

In diesem Moment wurde mir wieder einmal klar, wie wichtig es ist, etwas selbst dann zu probieren, wenn es uns eigentlich sinnlos erscheint. Dazu gehört auch zu fragen, selbst wenn wir nicht davon ausgehen, eine positive Antwort zu bekommen. Aber was haben wir andererseits zu verlieren?

Ein chinesisches Sprichwort besagt: »Wenn du etwas möchtest, dann frage danach. Das Nein hast du ohnehin, nur das Ja kannst du noch gewinnen.«

Nun ist es gerade für jemanden wie mich, der seit mehr als fünfunddreißig Jahren unterwegs ist, gar nicht immer so leicht, sich die Neugier zu bewahren. Viel zu vieles meint man bereits gesehen zu haben, viel zu vieles hat sich im Laufe der Jahre verändert. Wo ich als Kind noch Ansichtskarten und später Bildbände gesammelt habe, um einen ganz kleinen Einblick zu bekommen, wie es woanders aussieht, sind heute selbst die entferntesten Destinationen nur eine Suche im Internet entfernt.

Nicht nur einmal stand ich kurz davor, das Reisen aufzugeben. Was gab es denn noch zu sehen, das die Mühe stundenlanger Fahrten gerechtfertigt hätte? Denn ganz abgesehen davon, dass ich im Laufe der Zeit die meisten

Länder dieser Erde bereist habe, sehen die wichtigsten Sehenswürdigkeiten auf einem Foto nicht viel anders aus als in Wirklichkeit. Dennoch bin ich wieder und wieder aufgebrochen und werde das wohl tun, solange es mir möglich ist. Denn wahre Neugier, so habe ich mittlerweile verstanden, wächst umso stärker, je mehr wir versuchen, sie mit einem wachen Geist zu befriedigen.

Als junger Reiseleiter hatte ich schon recht früh die Möglichkeit, zuerst Europa und dann auch weiter entfernte Länder kennenzulernen. In dieser Zeit stellte ich fest, dass meine Gäste die Länder, die sie besucht hatten, wie auf einer Liste abhakten. Wer einmal in Hongkong, Shanghai und Beijing gewesen war, der hatte China gesehen, ein Besuch beim Taj Mahal oder in Kolkata genügte für das Gefühl, Indien zu kennen.

Wer niemals das Privileg hatte, ein Land so oft zu besuchen, bis er sich dort gleichsam heimisch fühlt, der versteht oft nicht, was jemanden dazu bringt, immer wieder in dasselbe Land zurückzukehren. Denn er kennt nicht diese unersättliche Neugier, die bei jedem Besuch größer statt kleiner wird. Bereits Sokrates gestand eines Tages, zu wissen, dass er nichts wisse. Eine Aussage, die für den Reisenden umso mehr gilt.

Wer etwas nur oberflächlich gestreift hat, der glaubt alles zu kennen. Das ist in der Philosophie nicht anders als unterwegs. Erst wenn wir mit der Muße zurückkehren, nicht nur an jene Punkte zu reisen, zu denen ohnehin jeder fährt, beginnen wir wirklich zu verstehen. An diesen kleinen, unbekannten Orten beginnen wir zu begreifen, dass wir nicht wie angenommen das ganze Land kennen, sondern nicht einmal einen Bruchteil dessen, was es tatsächlich ausmacht. Genau das ist aber der Moment, an dem uns die Neugier verstehen lässt, dass es noch so viel zu tun und zu sehen gibt, dass nicht einmal zwei Leben dazu ausreichen.

Wie erhältst du dir deine Neugier?

Vertrauen

Ab und an frage ich mich, ob man eigentlich aus den Umständen, unter denen eine Unternehmung beginnt, auch schließen kann, wie diese enden wird. Viele würden wohl der Annahme zustimmen, dass ein holpriger Anfang nicht die optimale Voraussetzung für einen guten weiteren Verlauf ist. Wissen wir doch oft genug in der Rückschau, dass eine Sache, bei der wir gescheitert sind, bereits von Anfang an »unter keinem guten Stern gestanden« ist. So logisch das nun auch klingen mag, so wenig möchte ich es glauben. Weiter gedacht würde das nämlich bedeuten, dass ein Mensch, der unter schwierigen Umständen das Licht der Welt erblickt, am besten gleich wieder umdreht und es erneut versucht. Wäre doch nur eine reibungslose Geburt eine Art Garantie für ein glückliches Leben. Tatsächlich aber wissen wir alle, dass es genauso wenig jahrelang regnet, wie immer nur die Sonne scheint. Wir dürfen, anders gesagt, darauf vertrauen, dass es aus jeder Situation einen Ausweg gibt. Gleichgültig wie herausfordernd und schwierig sie auch zu sein scheint.

Es war ein Sommer Anfang der 1990er-Jahre, in dem ich auf die verrückte Idee kam, mit meiner damaligen Freundin mit dem Auto in die Türkei zu fahren. Abgesehen davon, dass ich ein altes Auto und wenig Fahrpraxis im Ausland hatte, wurde vor dem Transit durch das damalige Jugoslawien aufgrund des damals herrschenden Bürgerkrieges ausdrücklich gewarnt. Entsprechend begann unser Trip mit einer zehnstündigen Wartezeit an der ungarisch-rumänischen Grenze. Kaum hatten wir diese endlich passiert, landeten wir keine sechs Stunden später mit dem Auto vor einem Baum. Der Fahrer eines entgegenkommenden Wagens hatte derart riskant überholt, dass ich ihm nicht mehr ausweichen konnte. Der Umstand, dass meine Partnerin etwa zehn Minuten vor dem Unfall von der Rückbank auf den Beifahrersitz zurückgekehrt war, rettete ihr vermutlich das Leben. So kam sie mit einer Platzwunde auf der Stirn davon, und ich zog mir drei gebrochene Rippen und eine gebrochene Schulter zu.

Als ich im Spital aufwachte, hörte ich zu meiner großen Verwunderung jemanden muttersprachlich klingendes Deutsch sprechen. Kurz darauf erfuhr ich, dass der Leiter des Spitals die örtliche Caritas verständigt hatte, die von einem Angehörigen der deutschsprachigen Minderheit der Siebenbürger Sachsen geleitet wurde. Wir verbrachten drei Tage im Krankenhaus, bevor wir in den privaten Haushalt seiner Familie umzogen. Dort wurden wir über eine Woche lang kostenlos beherbergt und versorgt, ohne dass jemand wusste, ob wir uns jemals wiedersehen würden. Eine Erfahrung, für die ich bis heute dankbar bin.

Zurück in Wien beschlossen wir, erneut zu versuchen, in die Türkei zu gelangen, wenn auch diesmal mangels Auto mit dem Zug. Die Probleme begannen kurz nach Belgrad, als Kriminelle in der Nacht durch die Abteile gingen und den Schlafenden das Geld aus dem Gepäck stahlen. Ein freundlicher Schaffner ließ uns kostenlos zurück nach Belgrad fahren, wo aber die österreichische Botschaft unserem Ersuchen nach Hilfe eine Absage erteilte. Nach kurzer Überlegung einigten wir uns da-

rauf, unsere Reise in diesem Fall eben ohne Geld fortzusetzen. Schließlich hatten wir sie ja indirekt bereits bezahlt, sodass ein Abbruch eigentlich nicht infrage kam.
So verrückt es auch war, wir wollten einfach darauf vertrauen, dass uns dort, wo es notwendig war, jemand zu Hilfe kommen würde. Da ich einige Zeit als Fotograf für eine türkische Tageszeitung gearbeitet hatte, beherrschte ich zumindest die Sprache fließend. Der Rest, so waren wir uns sicher, würde sich ergeben.
Es folgten die neun schwierigsten, aber zugleich aufregendsten Wochen meines Lebens. Die erste Herausforderung bestand darin, auf unserer Reise weiterzukommen. Ein befreundeter Journalist bezahlte uns ein Zugticket in eine kleine Stadt, die wenige Kilometer außerhalb Istanbuls lag. Doch von dort an waren wir auf uns allein gestellt.
Obwohl weder meine Partnerin noch ich wirklich Erfahrungen mit Autostopp hatten, kamen wir erstaunlich gut voran. Selbst auf den ersten Blick eigenartige Personen wie der Bürgermeister eines Ortes, der gut sichtbar mit zwei Pistolen bewaffnet war, oder so mancher dubios wirkende Lkw-Fahrer stellten sich bereits nach kurzer Zeit als freundliche und zuvorkommende Zeitgenossen heraus. Es war gar nicht einfach, den Menschen zu vertrauen. Besonders, da es damals mangels Mobiltelefon in einem Ernstfall keinerlei Möglichkeit gegeben hätte, Hilfe zu holen. Auf der anderen Seite war mir aber völlig klar, dass wir das Abenteuer, auf das wir uns eingelassen hatten, auch zu Ende bringen würden.
Die Reise führte uns schließlich bis an die iranische Grenze und in das Kurdengebiet rund um Diyarbakir. Dort wurden wir Zeugen unschöner Ereignisse und konnten

die Stadt nur dank der Hilfe örtlicher Politiker verlassen, woraufhin wir nach Istanbul zurückkehrten.
Doch mehr noch als die Frage nach dem Weiterkommen beschäftigte uns Abend für Abend die Herausforderung, eine Unterkunft zu finden. Was, wenn sich niemand bereit erklärte, uns bei sich aufzunehmen? Ich allein hätte weniger Probleme gehabt, irgendwo im Freien zu übernachten. Aber ich musste ja auch an meine weibliche Begleitung denken.
Als wir die erste Nacht in einem Park auf zwei getrennten Bänken verbrachten, verband ich unsere Beine mit einer Schnur in der Hoffnung, auf diese Art aufzuwachen, sollte meiner Partnerin etwas zustoßen. Doch als ich frühmorgens durchfroren und mit pochendem Schädel aufwachte, wäre ich am liebsten sofort wieder nach Wien zurückgekehrt. Wie, so fragte ich mich den ganzen nächsten Tag, sollte das weitergehen? Noch eine solche Nacht, und wir wären beide krank.
Hätte ich nicht zuvor viele Male in meinem Leben die Erfahrung gemacht, dass ich darauf vertrauen darf, dass zur rechten Zeit Hilfe kommt, hätte ich wohl tatsächlich aufgegeben. Schließlich wusste ich weder, wo wir abends schlafen würden, noch hatten wir das Geld, um einfach nach Hause zu fahren.
Das erste Wunder geschah am darauffolgenden Abend. Ich hatte in meiner Hosentasche noch etwas Geld gefunden, für das ich uns etwas zu essen kaufen wollte. Da ich nicht wusste, wie lange der Betrag reichen musste, beschränkte sich mein Einkauf auf einen Laib Brot und einige Tomaten. Als der Ladenbesitzer mich fragte, ob ich nicht zumindest Butter oder ein paar Oliven dazu wolle, gestand ich ihm, es mir nicht leisten zu können.

Nachdem ich ihm auf seine erstaunte Nachfrage hin erzählt hatte, dass man uns in Serbien um unser Geld gebracht hatte, fragte er mich, wo wir denn nächtigen würden. Als ich herumdruckste, meint er nur: »Musafir olsun – sei mein Gast!«

Als wir drei Tage später wieder aufbrachen, hatten wir nicht nur im Ehebett unserer Gastgeber genächtigt, die es extra für uns frei gemacht hatten. Wir waren zusätzlich wunderbar verköstigt worden, und auch die Wäsche in unseren Rucksäcken war frisch gewaschen – eine Erfahrung, die wir von nun an fast jeden Tag machen sollten.

Wo immer wir hinkamen, schienen Menschen, die uns noch nie in ihrem Leben gesehen hatten, gleichsam darauf zu warten, uns behilflich zu sein. Manche informierten ihre in einer entfernten Stadt lebenden Freunde über unsere Ankunft, andere gaben uns Geld für Unterkunft und Essen, und wieder andere ließen es sich nicht nehmen, uns noch zusätzlich zu den Sehenswürdigkeiten ihrer Heimatstadt zu führen.

Bis heute hat die Tatsache, dass mir damals wildfremde Menschen geholfen haben, eine große Wirkung auf mein Leben. Nicht nur verlangte niemand eine Gegenleistung, vielmehr wusste jeder unserer Gastgeber, dass wir uns in diesem Leben sehr wahrscheinlich nie wieder begegnen würden. Dennoch verhalfen sie mir zu dem festen Vertrauen, dass zur rechten Zeit jemand da ist, der mir hilft. Ein Umstand, der mir in seinem ganzen Ausmaß erst klar wurde, als wir uns darüber Gedanken machten, wie wir wieder zurück nach Österreich kommen sollten. Zwar waren wir per Anhalter von Istanbul bis an die persische Grenze und wieder zurück gelangt, aber auf

diese Art durch Bulgarien und das damalige Jugoslawien zurück nach Wien zu kommen, war ausgeschlossen.
Obwohl mir diese Frage durchaus Sorgen machte, beschloss ich, auch in diesem Fall einfach darauf zu vertrauen, dass alles gut ausgehen würde.
Wir waren gerade zu Besuch bei einem befreundeten Journalisten, als dieser einen Anruf erhielt. Am Apparat war ein Kollege, dem er von unserem Abenteuer erzählt hatte und der uns nun ein Angebot unterbreiten wollte. So wir bereit wären, unsere Story exklusiv an seine Zeitschrift zu verkaufen, dürften wir nicht nur die letzten Tage in einem richtig feinen Hotel verbringen, vielmehr würde der Verlag auch für zwei Zugtickets nach Hause aufkommen. Natürlich gingen wir gerne auf diesen Vorschlag ein.
Nachdem ich ihm die ganze Geschichte erzählt hatte, wollte der Journalist wissen, ob ich bei dem Ganzen auch so etwas wie Spaß empfunden hätte. Als ich die Frage bejahte, sah er mich nur an und sagte kopfschüttelnd: »Sen delisin – du bist verrückt.« Darauf folgte nach kurzer Zeit eine zweite Frage: »Würdest du es noch einmal machen?« Ich muss ihn so entgeistert angesehen haben, dass er die Antwort gar nicht abwartete. Natürlich hätte ich es noch einmal gemacht! »Süper delisin – du bist einfach super verrückt!«
Neben diesem Riesenkompliment, das mich bis heute begeistert, hat mich vor allem die Erkenntnis beeindruckt, dass Vertrauen immer etwas Gegenseitiges ist. Denn nicht nur hatten wir uns in die Hände wildfremder Menschen begeben, vielmehr mussten auch diese sicher sein, dass wir sie weder ausnutzen noch bestehlen würden. Zumal sie ja wussten, dass wir über keinerlei finanzielle Ressourcen verfügten.

Wahrscheinlich war also die ganze Sache verrückt. Und dennoch würde ich heute wohl nicht viel anders handeln. Hätte ich nämlich nicht immer daran geglaubt, dass am Ende alles gut werden würde, wäre auch mein weiteres Leben komplett anders verlaufen. Denn ohne die Fähigkeit und die Bereitschaft zu vertrauen, so habe ich damals gelernt, ist der Traum vom unangepassten Leben bereits ausgeträumt, bevor er überhaupt begonnen hat.

Wem kannst du vertrauen?

Chancen

Seit ich mich erinnern kann, waren meine Eltern in der Welt unterwegs. Da sie mehr erleben wollten, als nur die üblichen Sehenswürdigkeiten abzuhaken, bemühte sich meine Mutter, sich vor jeder Reise zumindest Grundkenntnisse der jeweiligen Landessprache anzueignen. Meistens freundeten sie sich dadurch mit den Einheimischen an, von denen mancher uns nachher zu Hause besuchte. Nachdem auch mich fremde Sprachen immer schon fasziniert hatten, borgte ich mir eines Tages ein Türkisch-Lehrbuch aus und begann, mich aus reiner Neugier mit der Sprache zu beschäftigen. Auf der Suche nach jemandem, mit dem ich meine Kenntnisse vertiefen konnte, lernte ich bei einem Feriencamp in Österreich einen Austauschschüler aus Istanbul kennen. Wir unterstützten uns dabei, uns in der jeweils anderen Sprache zu verbessern, und freundeten uns so weit an, dass seine Familie mich einlud, sie einmal zu besuchen. Gespannt reiste ich Mitte der 1980er-Jahre zum ersten Mal in die türkische Hauptstadt Istanbul. Die Erfahrung war überwältigend. Verwinkelte Bazar-Gassen, laut feilschende Händler und der intensive Geruch mir bis dahin unbekannter Gewürze öffneten mir das Tor zu einer neuen Welt.

Ich erinnere mich noch gut an meine Begeisterung, als ich auf dem Weg vom Flughafen in die Stadt zum ersten Mal in meinem Leben eine Moschee erblickte. Im Laufe der Wochen sollte mir diese Reise so auch den Zugang zu einer Religion eröffnen, über die man zum damaligen Zeitpunkt im gesamten Westen Europas nur recht wenig wusste. Wohl hatten wir im Religionsunterricht einige grundlegende Dinge über den Islam gehört, aber wie anders war es, nun mittendrin zu sein!

In der Früh wurde ich erstmals nicht von Kirchenglocken, sondern vom Ruf eines Muezzins geweckt. Ich konnte beobachten, wie sich die Gläubigen beim Gebet auf den Boden warfen, und durfte mich sogar als Andersgläubiger in der Moschee neben die Betenden auf den Boden setzen.

Meine anfängliche Befremdung wich bald einem lebhaften Interesse. Zumal ich bemerkte, dass die Türken durchaus gerne über ihre Religion sprachen. Hatte ich anfangs noch Angst gehabt, eines der Gotteshäuser zu betreten, fühlte ich mich ziemlich schnell ermutigt, die Unterschiede zwischen den Religionen offen zu diskutieren.

So spannend diese Gespräche auch waren, sie brachten mich meist nach recht kurzer Zeit in die Defensive. Wurde ich nämlich gefragt, warum ich nicht zum Islam konvertierte, wurde aus der anfänglichen Plauderei schnell eine handfeste Debatte, bei der ich regelmäßig den Kürzeren zog. Nicht, dass meine Gesprächspartner den christlichen Glauben per se infrage gestellt hätten. Vielmehr entkräfteten sie jeden meiner Einwände mit einer Aussage des Propheten Mohammed, die meine Argumentation widerlegte. Was sollte ich aber auch auf die Aussage entgegnen, die Bibel bestünde aus vier sich teilweise widersprechenden Büchern, der Quran hingegen nur aus einem einzigen?

Als eines Tages ein islamischer Schriftgelehrter meine Ansichten mit der Aussage für nichtig erklärte, der nach

Jesus geborene Prophet Mohammed habe dessen Aussagen einfach widerlegt, begriff ich, dass mit Argumenten kein Durchkommen war. »Ich verstehe«, sagte ich zu dem Imam, »aber was tun Sie, wenn ich Ihnen sage, dass ich der neue Prophet bin und alles noch einmal ganz anders ist?« Bis heute sehe ich das weise Lächeln des älteren Mannes vor mir, als dieser mir eine Lektion zum Thema vorausschauendes Denken erteilte, die ich nie wieder vergessen werde. »Das ist nicht möglich«, sagte er ruhig. »Mohammed hat gesagt, dass er der letzte Prophet war. Nach ihm kommt keiner mehr.«

Damals habe ich verstanden, dass jeder von uns die Chance hat, den Lauf der Geschichte zu verändern. Es nützt aber nichts, wenn wir uns unseren Teil nur denken. Vielmehr müssen wir auch entsprechend handeln. Bietet sich einem eine Gelegenheit, sollte man seinen Anspruch darauf nicht vor sich hin murmeln, sondern ihn so laut aussprechen, dass er auch 1400 Jahre später noch zu hören ist.

Die für mich fremden, aber durchaus faszinierenden Ansichten waren nicht nur in diesen gleichsam offiziellen Gesprächen ein Thema. Vielmehr kamen sie auch immer wieder bei Plaudereien innerhalb der Familie zur Sprache.

Eines Abends diskutierte ich wie so oft mit dem Sohn meiner Gastfamilie. Dieser war in meinem Alter, sprach ausgezeichnet Deutsch und teilte meine Liebe zum Diskurs. Bereits im Bett liegend, unterhielten wir uns über die Frage, ob es so etwas wie eine Vorsehung gab. Wie, so wollte ich wissen, vertrug sich die Idee einer Vorherbestimmung mit Verantwortung und freiem Willen? Im Islam, so erfuhr ich damals, bezieht sich das Wort »Kismet« anders als in anderen Religionen nicht auf ein Schicksal, dem niemand entrinnen kann. Vielmehr ist es eine Chance, die uns von Gott gegeben wird. Nicht Bestrafung für einen Fehler sei die Idee hinter diesem Konzept, sondern vielmehr die Möglichkeit, die Dinge fortan besser zu machen. Bis heute höre ich die erklärenden Worte meines Freundes, die damals in wenigen Sekunden mein Leben verändert haben. »Angenommen, du hast dich aus deinem freien Willen heraus so verhalten, dass ein anderer Mensch beschließt, dich zu erschießen. Er nimmt also eine Pistole, zielt auf dich und drückt ab. Doch da er in diesem Moment gezittert hat, verfehlt dich die Kugel, und du kommst noch einmal mit dem Leben davon. Dann ist es dein Kismet, dass du noch eine Chance bekommst, weiterzuleben.«

Eine Gottheit, die uns die Möglichkeit gibt, es erneut zu versuchen. Unwillkürlich musste ich an die Helden meiner Kindheit denken. Diese waren damals vor allem in Märchen zu Hause, waren übermenschlich stark und erlebten die unglaublichsten Abenteuer. Und sie bekamen immer wieder neue Chancen, wenn sie nur bereit waren, diese zu nutzen. »Lieblinge der Götter« hießen diese Charaktere, die von den himmlischen Mächten beschützt wurden, wo immer sie deren Hilfe nötig hatten. So jemand, beschloss ich an diesem Abend, wollte ich von nun an auch sein.

Keine drei Jahre später war ich zurück in der Türkei, um mir einen lange gehegten Traum zu erfüllen. Seit ich Jahre zuvor das einsam auf einem Hügel gelegene Ishak Pasha Saray in einem Bildband gesehen hatte, wollte ich selbst auch einmal davor stehen. Nun war der Zeitpunkt vielleicht nicht unbedingt der beste für diese Unternehmung. Nachdem mir, wie bereits erzählt, bei der Anreise durch das damalige Jugoslawien mein Geld gestohlen wurde, war ich mit meiner Partnerin per Anhalter unterwegs. Doch wer wusste schon, wann und ob ich jemals wieder hierherkommen würde! Einfacher als erwartet, fanden wir tatsächlich jemanden, der uns zu dieser entlegenen Sehenswürdigkeit mitnahm. Obwohl wir ursprünglich vereinbart hatten, gemeinsam wieder zurückzufahren, verloren wir unseren Fahrer bald aus den Augen, was uns zumindest die Chance gab, die Palastruine etwas länger auf uns wirken zu lassen.

Die wirkliche Herausforderung begann danach. Wir mussten diese Einöde nämlich wieder verlassen und zurück in die Stadt kommen. Ein Unterfangen, das sich schwieriger gestaltete, als es mir am Anfang erschienen war. Es gab keinerlei öffentliche Transportmittel, und die knapp 15 Kilometer zu Fuß zu gehen, war auch keine Option, da wir für den Abend noch nicht einmal eine Unterkunft hatten. Also blieb uns nur die Fahrt per Autostopp. Nachdem wir etwa eine Stunde gewartet hatten, hörten wir ein Motorengeräusch. Ich sprang auf. Ein kleiner Lastwagen! Wir wären natürlich bereit gewesen, uns zu dem Chauffeur in die Kabine zu zwängen, doch aus der Ferne erkannte ich zu meiner Freude eine offene Ladefläche, auf der sich eine Art Sitzbank befand. Sofort winkte ich dem Fahrer. Doch zu meiner Enttäuschung fuhr der weiter, ohne uns auch nur anzusehen. Verärgert sah ich den Wagen in einer Staubwolke verschwinden. Was sollten wir nun tun? In spätestens einer halben Stunde würde es dämmern, und wir mussten unbedingt in die Stadt zurück!

Gerade hatte ich wieder neben meiner Freundin Platz genommen, als unaufgefordert ein dunkler, sehr gepflegter

Pkw vor uns hielt. Ein Mann ließ das Fenster herunter und fragte, ob wir einen Transfer in die Stadt bräuchten. Dankbar stiegen wir ein.
Bereits nach kurzer Zeit stellte ich erleichtert fest, dass er den Wagen mit großer Vorsicht entlang der engen Kurven lenkte, neben denen das Gelände teilweise ziemlich steil abfiel. Wahrscheinlich wollte er, im Gegensatz zu dem Fahrer des Lkw, der vorhin einfach an uns vorbeigefahren war, sein Auto nicht an einem am Straßenrand herumliegenden Felsen zerkratzen. Ich war gerade eingedöst, als ich zuerst von einer abrupten Bremsung und dann von lauten türkischen Flüchen geweckt wurde. Es dauerte einen Moment, bis ich begriff, was geschehen war. Unser Chauffeur war bereits aus dem Wagen gesprungen und rannte einen Abhang hinunter, der sich rechts von uns auftat. Plötzlich verstand ich den Grund für seine Aufregung. Der kleine Lkw, der vor wenigen Minuten vorbeigerast war, ohne uns mitzunehmen, lag komplett zerstört auf dem Dach. Offenbar hatte der Lenker die Kontrolle über den Wagen verloren und war dann mitsamt diesem die Böschung hinuntergestürzt.
Wir liefen, so schnell es das steile Gelände zuließ, hinunter, um dem in der Kabine eingeklemmten Fahrer zu Hilfe zu kommen. Der Schock setzte ein, als unser Begleiter vor uns das Wrack erreichte. Er warf einen kurzen Blick hinein und schreckte zurück. Dann schlug er mit der Faust gegen die Kabinentür und schrie auf Türkisch: »Adam ölmüs! Adam ölmüs!« Ich verstand. Der Mann war tot.
Während wir zitternd auf die Einsatzkräfte warteten, gingen mir die wildesten Gedanken durch den Kopf. Hatte uns der Fahrer gleichsam das Leben gerettet, in-

dem er uns ignoriert und nicht mitgenommen hatte? Wäre er mit uns auf der Ladefläche genauso gefahren, sodass es zu diesem tödlichen Unfall gekommen wäre? In diesem Fall, so viel war mir klar, hätte der Leichenwagen auch meine Freundin und mich abtransportiert. Oder hatte der Fahrer einfach keine Chance mehr bekommen, den Fehler, den er mit seiner rücksichtslosen Fahrweise begangen hatte, »wiedergutzumachen«?
Plötzlich löste der Anblick des Toten das Gefühl einer traurigen Dankbarkeit in mir aus. Wir lebten. Wieder einmal hatte eine verborgene Macht auf uns achtgegeben. »Lieblinge der Götter«, schoss es mir durch den Kopf. Manchmal, so habe ich in diesem Moment erkannt, eröffnet uns erst das Verpassen einer vermeintlichen Chance den Blick auf die wahre Gelegenheit.

Was macht dich zum Liebling der Götter?

Wagnis

Immer wieder verspüre ich den Wunsch, etwas von der Unterstützung zurückzugeben, die mir unterwegs so oft zuteilwurde. Ich will es dann jenen Menschen gleichtun, die, ohne zu zögern, ihr Essen, ihre Schlafstatt und ihre Lebenszeit mit mir geteilt haben, wissend, dass sie mich vermutlich nie mehr wiedersehen würden. Viele Reisende aus allen Teilen der Welt haben seither bei mir gegessen, getrunken und geschlafen. Doch meistens sind meine Gäste darüber hinaus noch an den Erfahrungen interessiert, die ich in mehr als dreißig Jahren als Reisender gemacht habe. Viele haben sich vorher über mich informiert und mit Erstaunen festgestellt, dass ich im Laufe der Zeit nicht nur alle Kontinente, sondern auch die meisten Länder dieser Erde bereist habe. Anstatt mich um eine Aufzählung der Staaten zu bitten, die ich bereits gesehen habe, kommt die Frage daher meist umgekehrt: »Wo genau warst du noch nicht?« Meine ehrliche Antwort ist dann, dass ich nie in Afghanistan war und in Afrika nur den Norden und den Süden besucht habe, aber nicht die Länder in der Mitte des Kontinents. Das aber nicht, weil sie mich nicht interessieren, sondern vielmehr, weil es mir dort immer zu gefährlich erschienen ist.

Nun mag Gefahr etwas Relatives sein, denn jeder Mensch empfindet etwas anderes als gefährlich. Vielleicht auch deshalb stößt meine Einschätzung bei den meist jungen Gästen spätestens dann auf ein gewisses Unverständnis, wenn sie mir ihrerseits ihre Reisepläne präsentieren. Neben den üblichen Destinationen wollen sie auf der Weiterreise oft Länder wie Syrien, den Irak oder den Jemen besuchen.

Nun habe ich diese Staaten zwar alle bereits in einer Zeit besucht, in der eine solche Reise möglich war, ohne das eigene Leben zu riskieren. Aber selbst wenn ich keines der Länder gesehen hätte, würde ich unter den derzeitigen Umständen dort nicht hinfahren.

»Bist du da wirklich zu feig? Gefährlich ist es doch überall! Es reicht ja schon, wenn man über die Straße geht …«

Auch wenn mir die erste Frage nur selten so offen gestellt wird, laufen die Diskussionen meist darauf hinaus. Der einst abenteuerlustige Reisende, so scheint es durch die Köpfe meiner Gesprächspartner zu gehen, ist alt und ängstlich geworden.

Natürlich ist mir bewusst, dass jemandem, der sich niemals in gewissen Situationen befunden hat, die Vorstellung davon fehlt, was alles passieren kann. Vielleicht war es genau dieser mangelnde Mut, mein Leben für ein vermeintliches Abenteuer aufs Spiel zu setzen, der mich als junger Mensch gerettet hat. Auch wenn die Welt vor dreißig Jahren noch eine andere war, haben schon damals allzu übermütige Reisende ihre Kühnheit oft mit dem Leben bezahlt. Vielleicht beeindruckte uns in den Neunzigerjahren so eine Information stärker, weil wir damals noch nicht jeden Tag so lange mit Horrormeldungen weichgespült wurden, bis wir den Erzählungen keine Bedeutung mehr beimaßen.

Während heute alles, was wir unterwegs erfahren, gleichsam eine Bestätigung dessen ist, was wir schon lange davor gehört haben, kamen damals schockierende Nach-

richten meist aus heiterem Himmel, was ihre Wirkung um ein Vielfaches verstärkte.
Zu den großen, oft heiß diskutierten Themen unter Asienreisenden zählt bis heute das Thema Drogenkonsum. Immer noch sind die meisten Menschen erstaunt, wenn sie erfahren, dass ich in all den Jahren, die ich dort verbracht habe, niemals etwas anderes angerührt habe als ganz normale Zigaretten. Seit jeher scheint es zwar zum guten Ton zu gehören, einen Trip der anderen Art in die Reisepläne einzuschließen, doch ich hatte davor immer eine derartige Angst, dass ich bis heute die Finger davongelassen habe. Dabei ging es mir gar nicht nur um die unkontrollierbare Wirkung diverser Substanzen, sondern um das sich hartnäckig haltende Gerücht, dass in Asien auf den Besitz einer kleinen Menge bestimmter Drogen die Todesstrafe stehe. Eine Idee, welche die meisten lachend beiseitewischten. Sollten die Asiaten tatsächlich so dumm sein, die Menschen zu exekutieren, die ihnen als Touristen das Überleben sichern? So unlogisch das auch scheinen mochte, habe ich es nie darauf ankommen lassen.
Trotzdem verdrängte ich das Thema, da es mich ohnehin nicht betraf. Bis ich eines Tages mit dem Taxi durch die malaysische Hauptstadt Kuala Lumpur fuhr. Dort gab es die für Touristen durchaus angenehme Einrichtung, dass die Taxifahrt innerhalb der Stadtgrenze mit einem Pauschalpreis abgegolten wurde, egal, wie weit sie ging. So musste man sich keine Sorgen darüber machen, dass der Chauffeur versuchte, durch einen kleinen oder größeren Umweg zusätzliches Geld zu verdienen.
Nachdem wir bereits eine Zeit lang unterwegs gewesen waren, hielt der Fahrer den Wagen unvermittelt an. Er

drehte sich zu mir nach hinten, deutete nach links und vergewisserte sich, dass ich ihn verstand: Wir standen vor einem der berüchtigtsten Gefängnisse Asiens. Dann hob er die Hand zum Hals und deutete eine schneidende Bewegung an. »Chambers und Barlow. Haschisch. Vor vier Jahren.«

Mir kamen die warnenden Worte in den Sinn, die ich im Reiseführer gelesen hatte. Manchmal können schon wenige Gramm einer Droge dazu führen, dass du Bekanntschaft mit dem Henker machst, wie zwei Australier 1986 in Malaysia entdeckten. Warum aber, so habe ich mich nicht nur damals gefragt, wollen so viele diese Gefahr nicht wahrhaben?

Ein unangepasstes Leben zu führen, ist für mich eine Sache. Zu wissen, wo es seine Grenzen hat, eine ganz andere. Ich habe nicht nur auf meinen Reisen eine ganze Menge dummer Sachen gemacht. Aber niemals wäre ich so weit gegangen, vorsätzlich mein Leben zu riskieren. Dafür war es mir immer viel zu kostbar.

Dieser Gedanke beschäftigte mich vor einem Jahr erneut, als ich in Usbekistan eine Reisende aus Amerika kennenlernte. Nachdem wir uns eine Weile über das Land und das Unterwegssein im Allgemeinen unterhalten hatten, kam wie gewohnt die Frage nach dem nächsten Reiseziel auf. Ich erzählte der jungen Dame, die ihren eigenen Aussagen nach nicht über sehr viel Reiseerfahrung verfügte, dass ich unterwegs nach Kasachstan sei. Sie meinte, dass sie dort auch noch nicht gewesen sei, aber ihr aktuelles Ziel wäre erst einmal Afghanistan. Ich muss ziemlich dumm aus der Wäsche geschaut haben, denn sie sah mich an, als habe sie etwas Falsches gesagt. »Afghanistan?«, fragte ich nach, um sicherzugehen, dass ich mich nicht verhört hatte. »Ja, warum denn nicht?« Ich erwiderte, dass mir das Risiko einfach zu groß sei. Ihre überraschte Reaktion gab mir das Gefühl, mich lächerlich gemacht zu haben. Wer um alles in der Welt solle es denn dort ausgerechnet auf sie abgesehen haben? »Niemand«, antwortete ich und beendete nachdenklich das Gespräch. Musste ich vor dreißig Jahren noch mit dem Taxi an einem Gefängnis vorbeifahren, um zu verstehen, dass manche Risiken tatsächlich existierten, so genügt es doch heute, einen Blick auf die Nachrichten zu werfen.

Natürlich war es recht unwahrscheinlich, dass jemand der jungen Dame, die sich mir als Kim vorgestellt hatte, persönlich etwas Böses wollte. Aber machte das ihr Risiko, in Afghanistan zu Schaden zu kommen, denn tatsächlich geringer?

Ich musste daran denken, wie wir Anfang der Neunzigerjahre unsere Rucksäcke mit Klebebändern sicherten, bevor wir sie im Kofferraum der Busse verstauten, die uns über die Grenze nach Malaysia brachten. Wir hofften, dadurch verhindern zu können, dass uns jemand zu unwissenden Drogenkurieren machte, indem er uns die Drogen einfach ins Gepäck schob. Bestimmt haben viele tatsächliche Drogenkuriere nach ihrer Verhaftung behauptet, Opfer genau dieses Tricks geworden zu sein, um einer Verurteilung zu entgehen. Dennoch schien mir das Risiko real. Und auch diese Drogenhändler setzten willentlich das Leben von uns Reisenden aufs Spiel, obwohl sie gegen den einzelnen Menschen mit Sicherheit nichts hatten. Genauso wenig überlegt sich aber jemand, der einen Bus in die Luft sprengt, wer am Ende dabei zu Schaden kommen könnte. Weniger realistisch wird die Gefahr dadurch aber nicht.

Mich beschäftigte aber noch eine andere Frage. Was bringt einen Menschen dazu, ein Risiko einzugehen, das er in keinster Weise kalkulieren kann und das ihm am Ende nicht einmal einen wirklichen Vorteil bringt?
Auch wenn ich Afghanistan konkret nicht kenne, gehe ich nicht davon aus, dass es dort viel anders aussieht als in den umliegenden Ländern, die man gefahrlos bereisen kann. Und ihrer eigenen Aussage nach hatte Kim noch einige Staaten auf ihrer Liste, die sie vorher hätte besuchen können. Wozu also dieses Wagnis?
Auf manche Menschen scheinen Risiken eine enorme Anziehungskraft zu haben. Abgesehen davon, dass denen, die sie nicht nur eingehen, sondern auch überleben, der Applaus der Gesellschaft sicher scheint, ist es oft auch gerade eben diese Gesellschaft, die jenen Druck ausübt, der uns zu riskantem Verhalten antreibt.
Ich erinnere mich noch gut daran, dass mir als Kind vorgeworfen wurde, ich ginge wo immer möglich den leichtesten Weg. Während andere sich vor allem darum bemühten, gut dazustehen, und auf ihre optimale Wirkung bedacht waren, ging es mir in der Hauptsache darum, mein Ziel zu erreichen. Eine Vorgehensweise, die ich für mich bis heute beibehalten habe. Schließlich lebe ich mein Leben, um selbst glücklich zu sein, und nicht dafür, anderen mit möglichst waghalsigen Aktionen zu gefallen.
Das bedeutet nicht, dass ich nicht bereit wäre, dort, wo es nötig ist, an meine Grenzen zu gehen. Ich habe auf einem Trip von Hue in Vietnam nach Bangkok einmal drei Tage am Stück nicht geschlafen, bin in der Nacht mit dem Taxi durch die chinesische Wildnis gefahren und habe viele Male auf abgelegenen Plätzen im Auto

übernachtet. Dennoch habe ich immer darauf geachtet, die Gunst der Götter nicht zu überfordern. Denn auch wenn es viele nicht wahrhaben wollen, nicht jede riskante Aktion nimmt zwingend ein gutes Ende.
Die meisten Menschen scheitern jedoch schon bei dem Versuch, durch riskantes Verhalten glücklich zu werden. Wer glaubt, aus Protest, Geltungsdrang oder sonstigen Motiven seine Mitmenschen mit gefährlichen Handlungen beeindrucken zu müssen, der hat die Kontrolle über sein Leben längst verloren. Die liegt dann nämlich schon lange bei jenen, für die wir das alles tun.

Wo sind deine Grenzen?

Langsamkeit

Jeder, der einmal bei mir zu Hause war, kennt meinen größten Schatz: ein dunkelbraunes, etwa vierzig Zentimeter hohes Schränkchen, das neben einem kleinen Jade-Buddha steht. In die fein lackierte Oberfläche ist mit verschiedenen Holzarten ein filigranes Muster eingearbeitet, das eindeutig asiatisch inspirierte Blüten zeigt. Ein Schloss an der Vorderseite hält zwei Türflügelchen zusammen, der kleine Schlüssel, der es sperrt, befindet sich in einem eigens dafür vorgesehenen Lädchen darunter. Einmal habe ich das Kästchen aus Neugierde geöffnet und festgestellt, dass es leer ist. Es ist aber ohnehin keine äußere Eigenschaft, die dieses Schränkchen für mich so wertvoll macht. Mein wahrer Schatz ist vielmehr seine Geschichte.

Viele Jahre lang stand das Kästchen bei meiner Großmutter. Es hatte seinen Platz auf einer Kommode in ihrem Wohnzimmer, und ich bewunderte es bei jedem meiner Besuche aufs Neue. Ich mochte diese geheimnisvolle und doch so wunderbar leichte Anmutung.

Eines Tages erzählte mir meine Großmutter, wie es zu ihr gekommen war. Ein entfernter Onkel namens Jacques, so erfuhr ich, hatte es Anfang des vorigen Jahrhunderts als Andenken an eine Reise aus Japan mitgebracht. Ich wollte mehr wissen. Wie war der damals dort hingekommen? Mit dem Flugzeug konnte er nicht gereist sein. Auch mit dem Schiff wäre es von Wien aus schwierig gewesen, nach Japan zu gelangen. Als ich erfuhr, welches Verkehrsmittel Onkel Jacques tatsächlich für die Reise gewählt hatte, arbeitete es in meinem Kopf: Er war mit der Postkutsche gefahren. Von Wien bis nach Japan mit den öffentlichen Verkehrsmitteln der damaligen Zeit! Was musste dieser Mann erlebt haben! Bewundernd fragte ich mich, wie er den Mut aufgebracht haben mochte, auf so eine Reise zu gehen.

Bis heute bin ich diesem mir unbekannten Verwandten dankbar. Niemand hat mir jemals auf eine derart beeindruckende Art gezeigt, was alles möglich ist. Selbst wenn ich die genaue Route nicht mehr rekonstruieren konnte, war allein das Vorhaben gewaltig. Anfangs nahm ich an, dass sich das Unternehmen zumindest über Wochen, wenn nicht Monate erstreckt haben musste. Doch als ich allein die Entfernung von Wien nach Wladiwostok, von wo er wahrscheinlich die Fähre genommen hatte, durch jene sechzig Kilometer dividiert habe, die ein Pferd an einem Tag zurücklegen kann, wurde mir klar, wie weit ich mit meiner Schätzung danebenlag. Nur die Reise durch Galizien und das damalige russische Reich musste in jede Richtung mindestens ein halbes Jahr gedauert haben. Unter der unwahrscheinlichen Voraussetzung, dass er tatsächlich an jedem einzelnen Tag unterwegs war und keinen einzigen Aufenthalt eingelegt hatte.

Ich versuchte, mir seine Gefühle vorzustellen, als er nach so langer Zeit sein Ziel erreicht und japanischen Boden betreten hatte. Was mochte ihm durch den Kopf gegangen sein? Hatte er daran gedacht, dass ihm auf dem Rückweg die gleiche Tour noch einmal bevorstand? Bis heute frage ich mich, mit welchem Zeithorizont Onkel Jacques zu dieser Reise aufgebrochen sein mochte. Welche Informationen hatte er über die Länder, die er durchqueren würde? Was waren seine Erwartungen?

Viele Male bin ich ihm gedanklich auf seiner Tour gefolgt. Dabei habe ich mir vorgestellt, dass er damals bereits fünfmal übernachtet hatte, bevor er an einen Ort gelangte, den wir mit dem Auto oder dem Zug in knapp zwei Stunden erreichen. Heute wäre die komplette Reise, für die mein Verwandter damals mindestens eineinhalb Jahre aufgewendet haben muss, innerhalb eines Tages zu erledigen. Aber zu welchem Preis?

Wahres Reisen ist für mich eine Huldigung an die Langsamkeit. Dabei habe ich anfangs wie die meisten Reiseanfänger versucht, in möglichst kurzer Zeit so viel wie möglich zu sehen. Bis ich verstanden habe, dass diese Hetze zwecklos ist. Gleichgültig, wie sehr ich mich auch beeilte, würde ich ohnehin niemals alle Orte dieser Welt besuchen können. Wozu also diese Hast? Was versprach ich mir davon, so schnell und direkt wie möglich von einem Ort zum nächsten zu kommen? Zumal der Grund, aus dem ich aufgebrochen war, doch die Freude darauf war, irgendwo in Asien als einziger Ausländer den Linienbus zu wechseln. So wie es schon Onkel Jacques mit der Postkutsche in Sibirien getan haben musste.

Der Reichtum des Reisenden, so habe ich gelernt, heißt Zeit, und seine Tugend ist die Langsamkeit. Warum aber tun wir uns gerade heute damit so schwer? Weil, so höre ich es tönen, unsere Zeit einfach schneller geworden ist. Aber ist es dann nicht gerade an uns, sie wieder langsamer zu machen? Die Möglichkeiten, es zu tun, sind nach wie vor da. Sobald für uns der Weg zum Ziel wird, haben wir keine Eile mehr, es zu erreichen.

Paradoxerweise geben wir vor, auf unserer Reise so viel wie möglich sehen zu wollen. Warum wählen wir dann aber nicht den gemütlichen Bummelzug, der in jedem der idyllischen Dörfer stehen bleibt, und rasen stattdessen abends mit einem Schnellzug durch die Landschaft, nur weil dieser die Strecke in einem Fünftel der Zeit zurücklegt?

Ich denke, dass uns am Ende schlicht die Disziplin fehlt. Wir haben die Idee der Schnelligkeit bereits so sehr in uns aufgesogen, dass uns alles andere schon fast absurd und Langsamkeit wie reine Zeitverschwendung wirkt. Warum, so scheinen sich viele zu fragen, soll ich die langsamere Strecke wählen, wenn es auch eine schnellere gibt? Weil für den wahren Reisenden der Weg das Ziel ist.

Wirklich begriffen habe ich diesen Umstand, als ich vor einigen Jahren von Österreich zurück in meine Wahlheimat Transsilvanien unterwegs war. Viele Jahre lang hatte ich die fast fünfhundert Kilometer lange Strecke zwischen der ungarischen Grenze und der Karpatenstadt Brasov als zwar unglaublich anstrengend, gleichzeitig aber wunderschön empfunden. Fast sieben Stunden lang führte die Fahrt durch verlassene Landschaften, durch kleine Dörfer, in denen die Menschen plaudernd vor ihren Häusern saßen, und vorbei an kleinen Hütten, in denen Hirten handgemachten Käse und andere Leckereien verkauften. Die Strecke war mir über die Jahre so selbstverständlich geworden, dass ich mir gar nicht überlegt habe, ob es eine Alternative geben könne. Bis ich eines Tages, um einem Stau auszuweichen, mit dem Navi fuhr. Plötzlich forderte mich das Gerät auf, nach links abzubiegen, um nach wenigen Kilometern auf eine Autobahn aufzufahren. Ich war mir sicher, dass es sich um einen Fehler handeln musste. Schließlich gab es meines Wissens auf dieser Strecke keinerlei Schnellverbindungen. Dennoch folgte ich der Anweisung, die sich zu meinem Erstaunen als tatsächlich richtig erwies.

Mit einer Mischung aus Freude und Enttäuschung legte ich von nun an einen großen Teil der einst so idyllischen Strecke auf ebendieser Autobahn zurück. Doch obwohl die Fahrt natürlich bequemer war, spürte ich einen gewissen Ärger über die Existenz dieser Verbindung. Musste mir die Modernisierung denn jede Freude nehmen? Missmutig fuhr ich die neue Strecke, bis ich eines Tages aus einer Unachtsamkeit heraus eine Abzweigung übersah. Auf einmal befand ich mich wieder auf jenem Weg, den ich so lange mit großer Freude gefahren war! Altbekannte Bilder tauchten auf. Verlassene Landschaften, Menschen auf Bänken, fliegende Händler. In diesem Augenblick begriff ich: Nichts war verloren, alles war weiterhin da. Das Einzige, das sich geändert hatte, war ich durch meine Entscheidung, den schnelleren Weg zu wählen. Nicht die Autobahn war die Ursache für meinen vermeintlichen Verlust und nicht der wunderbare Weg war verschwunden, sondern vielmehr meine Geduld, ihn ohne Notwendigkeit zu wählen.

Eines Tages erzählte mir ein lieber Freund, der sein Geld als Flugkapitän verdient, eine Geschichte, die mich an Onkel Jacques und das Kästchen in meinem Wohnzimmer denken ließ. Ein Kollege, so berichtete er, hatte sich eine lange Auszeit genommen, um auf eine ganz besondere Reise zu gehen. Viele Jahre lang war er auf der Langstrecke von Wien vor allem nach Beijing und Tokyo geflogen. Da die Flüge meistens in der Nacht gingen, hatten die Fluglotsen auf der Strecke nicht sonderlich viel zu tun. Immer wieder war Zeit für die eine oder andere kleine Plauderei zwischen dem Piloten und den Mitarbeitern der Bodenkontrolle. Im Laufe der Zeit entwickelte sich in den vielen gemeinsamen Nächten eine Freundschaft, die sich aber stets auf den Funkkontakt beschränkte. Doch wer waren die Menschen hinter den Stimmen, mit denen er hier fast täglich kommunizierte? Wie lebten sie? Wie sah es bei ihnen aus? Fragen, auf die er nur dann eine Antwort bekommen konnte, wenn er sich die Zeit nahm, die Kollegen persönlich kennenzulernen. Als er seinen Plan ankündigte, luden ihn ausnahmslos alle ein, ihr Gast zu sein. Eine knapp neun Monate lange Reise führte ihn auf dem Landweg bis in den äußersten Osten Russlands zu all jenen Menschen, über deren Köpfe er sonst mit knapp tausend Kilometern pro Stunde hinweggeflogen war.

Eine Geschichte, die mir in dieser schnelllebigen Zeit eine wunderbare Hoffnung vermittelt hat. Wer will, der kann bis heute reisen wie Onkel Jacques. Er muss nur bereit sein, diese Langsamkeit aufs Neue zu entdecken.

Wozu diese Eile?

١٤

Freiheit

Oft habe ich in den letzten Jahren über die Frage nachgedacht, was mich eigentlich an Asien fasziniert. Was verbindet mich so sehr mit diesem Kontinent und seinen Menschen, dass mich ein chinesischer Kulturmanager einmal als einen »Europäer mit asiatischem Geist« bezeichnet hat? Manche Menschen sagen, man verliebt sich schlicht in jenes Land, das man als erstes bereist. Dann müsste meine Liebe aber Italien, Frankreich, der ehemaligen DDR oder einem anderen europäischen Land gehören.

Auch wenn ich bis heute keine endgültige Antwort auf meine Frage gefunden habe, glaube ich dennoch, sagen zu können, dass ich in Asien zum ersten Mal in meinem Leben erlebt habe, was es bedeutet, wirklich frei zu sein. Ich meine damit nicht diesen vergänglichen Rausch, den jeder Urlauber einmal spürt, wenn er den Arbeitsplatz gegen den Pool und das Zuhause gegen ein Hotelzimmer tauscht. Freiheit ist nicht eine Sache von Tagen oder Wochen. Freiheit, so haben mich die Jahre unterwegs gelernt, ist eine Einstellung. Sie ist ein Lebensgefühl. Freiheit ist die Möglichkeit, in jedem Augenblick derjenige zu sein, der du bist. Oder besser gesagt, derjenige zu sein, der du gerade sein willst.

Ein Gefühl, das ich in Europa viel zu oft vermisst habe. Natürlich gab es auch hier schöne Momente. Aber am Ende ging es dann doch immer nur darum, es anderen recht zu machen. Das zu tun, was die Gesellschaft angeblich von einem erwartete.

Wie anders ist es doch in Asien! Solange ich dort niemandem schade und gegen keine Gesetze verstoße, kann ich tun und lassen, was ich will. Bis heute genieße ich das Gefühl, in der Früh ein beliebiges Shirt aus dem Rucksack zu nehmen und dazu jene Hose anzuziehen, die gerade gewaschen ist. Wer sagt, dass irgendetwas farblich zusammenpassen muss?
Freiheit bedeutet für mich, die anderen machen zu lassen, was sie möchten, und selbst das Gleiche zu tun. Dennoch würde ich lügen, wenn ich behauptete, ich hätte nicht auch in Asien anfangs darauf geschaut, nach europäischen Maßstäben ordentlich gekleidet zu sein. Schließlich wollte ich nicht negativ auffallen. Bis ich eines Tages in Vietnam den Besitzer der kleinen Pension, in der ich untergebracht war, dabei beobachtete, wie er den Rasen mähte. Als ich sah, wie er gekleidet war, wurde mir sehr deutlich bewusst, dass jede Freiheit im Kopf beginnt: Der ältere Herr verrichtete die Gartenarbeit mit nacktem Oberkörper. Das wäre nicht weiter ungewöhnlich gewesen, hätte er dazu nicht eine leicht altmodische, graue Anzughose mit tadelloser Bügelfalte und dunkelbraune Sandalen getragen. Mein erster Gedanke war: Dem ist es aber auch völlig egal, was die anderen von ihm denken! Dann sah ich, dass er den Rasenmäher abstellte, um am Zaun einen Bekannten zu begrüßen. Auch dieser war mit Anzughose und Flip-Flops bekleidet, trug aber im Gegensatz zum Hotelbesitzer ein T-Shirt. Wohl um in der Hitze den Bauch zu kühlen, hatte er dieses so weit hinaufgekrempelt, dass man fast seine Brustwarzen sehen konnte. Als ich die beiden älteren Herren ganz selbstverständlich nebeneinanderstehen und plaudern sah, wurde mir schlagartig klar: Hier denkt sich niemand rein gar nichts.

Einen kleinen Knick hätte dieses Bild von der Freiheit fast bekommen, als ich zum ersten Mal plante, nach Indien zu fahren. Da ich wusste, dass es dort im Sommer besonders heiß und feucht sein würde, beschloss ich, nur einige ganz dünne Oberteile mitzunehmen. Diese sahen zwar nicht besonders aufregend aus, ließen sich aber leicht waschen und trockneten schnell. Kurz vor der Abreise erzählte ich meiner Mutter davon, die nur entsetzt die Hände über dem Kopf zusammenschlug. So könne ich doch nicht in Indien unterwegs sein! Auch wenn die Menschen arm wären, wären sie zumindest ordentlich angezogen, und ich würde mich mit meinem schlampigen Outfit ganz schön blamieren.

Obwohl ich wusste, dass meine Eltern zu diesem Zeitpunkt bereits sehr viel Zeit in Indien verbracht hatten, hielt ich die Aussage für eine maßlose Übertreibung. Warum sollte jemand, der nicht mal wusste, wo er für den nächsten Tag sein Essen herbekam, ausgerechnet auf die Kleidung achten?

Es kam, wie es kommen musste. Bereits bei der Ankunft am Flughafen stellte ich fest, dass meine Mutter recht gehabt hatte. Vom Zollbeamten bis zum Toilettenreiniger steckten alle in blütenweißen, perfekt gebügelten Hemden. Ein Bild, das sich bei der Fahrt in die Stadt fortsetzte. Auch wenn mir wohl auf ewig verborgen bleiben wird, wie das in einer Umgebung gelingt, die so ziemlich das Gegenteil aller europäischen Reinheitsstandards repräsentiert, sahen fast alle Männer aus, als wären sie gerade auf dem Heimweg vom Büro. Und dort war nun auch ich mit meinem ausgewaschenen Shirt unterwegs.

Einen Moment lang fühlte ich mich unwohl. Wie würden die Menschen wohl auf meine unpassende Kleidung reagieren? Doch zu meinem Erstaunen reagierten sie gar nicht. Niemand schien sich auch nur im Entferntesten dafür zu interessieren, wie ich angezogen war.

Verwundert begann ich, mich zu fragen, ob es tatsächlich sein konnte, dass die Menschen nicht überall gleich waren. War die Freiheit des Einzelnen in manchen Ländern wirklich größer als in anderen? In Europa hätten mich zumindest einige wegen meines unpassenden Aufzugs abfällig gemustert. Aber, so wurde mir damals klar, das bedeutete nicht, dass sie das deswegen zwangsläufig auch woanders tun.

Bis zum heutigen Tag ist für mich Indien jenes Land, mit dem ich am meisten das Gefühl von Freiheit verbinde. Nicht nur, weil ich dort von den Hemdträgern auch im ungebügelten Shirt akzeptiert werde. Bei allen Problemen, die es auch in Indien gibt, kann dort jeder machen, was er will, solange es niemandem wehtut.

Am Anfang schien mir das unverständlich. Zu sehr war ich in meinem europäischen Ordnungsdenken gefangen, um mich auf die chaotische Freiheit einzulassen, die Indien mehr charakterisiert als alles andere. Wie oft habe ich vor allem in jüngeren Jahren erwartet, von jemandem für mein Verhalten zurechtgewiesen zu werden? Einzig, dass dort niemand kam, um es zu tun.

Einmal hatte ich mir im Liegewagen extra den Wecker für acht Uhr früh gestellt, um sicher wach zu sein, wenn der Schaffner kam, um die Betten abzubauen. Ich wartete, doch nichts dergleichen geschah. Ganz im Gegenteil machte der Mann, der in jenem Bett unter mir lag, das tagsüber als Sitzbank diente, auch um zehn Uhr vormittags noch keinerlei Anstalten, sich zumindest aufzurichten. Ich stellte mich als Einziger wartend neben mein

Bett, während alle anderen Gäste im Abteil in Ruhe weiterschliefen. Was hatte mich aber dazu gebracht, das Bett zu verlassen, obwohl mich niemand dazu aufgefordert hatte? Warum war ich nicht in der Lage, die Freiheit zu nutzen, die man mir hier so selbstverständlich gewährte? Kurz nach elf Uhr folgte ich schließlich dem Beispiel meiner Mitreisenden, legte mich müde zurück auf mein Bett und schlief unruhig weiter.
Heute weiß ich, dass Inder nicht in unseren Zeitkategorien denken. Man liegt im Zug nicht deshalb, weil es Schlafenszeit ist, sondern einfach, weil man es als bequemer empfindet und die anderen es in diesem Fall genauso tun.
In Indien ist selbst Erwachsenen noch immer all das erlaubt, was uns als Kindern in Europa verboten war. Ob sie mit den Fingern direkt aus der Schüssel essen, im Badezimmer mit Wasser pritscheln oder eben tagsüber im Bett liegen.
Obwohl ich damals im Zug durchaus meine Lektion gelernt habe, verfalle ich bis heute ab und an in mein anerzogenes europäisches Denken zurück. Bereits mehrfach habe ich in diesem Buch die den Indern heilige Stadt Varanasi erwähnt. Keinem Geringeren geweiht als Lord Shiva, dem mächtigen Gott der Erneuerung, verheißt Varanasi einem gläubigen Hindu die Möglichkeit, von den Ufern des Ganges aus direkt ins Nirwana einzugehen. Vorausgesetzt, der Körper wird innerhalb von vierundzwanzig Stunden nach dem Tod verbrannt und die Reste werden dem heiligen Fluss übergeben. Ein Vorgehen, das vor allem vom Standpunkt des Umweltschutzes und der Hygiene mehr als bedenklich ist, zumal viele Gläubige mit Inbrunst in dem dunkelbraun gurgelnden Wasser sogar ihren Kopf untertauchen.

Warum aber, so habe ich mich anfangs gefragt, sehen Politik und Polizei dem unhygienischen Treiben zu und unterbinden es nicht? Bis ich es schließlich verstanden habe: Auch ihre eigenen Körper werden eines Tages an diesem Fluss oder an einem seiner Nebenflüsse verbrannt und ihre Asche dem heiligen Wasser übergeben werden. Weshalb sollten sie sich daher auf diese Art den Weg ins Paradies blockieren?
Indien, so habe ich vor vielen Jahren einmal in einem Reiseführer gelesen, versteckt nichts vor dir. Wem es nicht passt, so scheinen die Menschen dort zu denken, der muss ja nicht kommen. Ein Umstand, der wie viele andere besonders in der brodelnden Stadt Varanasi wunderbar zu sehen ist. Unter den vielen Gurus, die den Suchenden spirituelle Hilfestellungen anbieten, gibt es auch solche, die das unbekleidet tun. Nacktsadhus, wie diese heiligen Männer genannt werden, nehmen das Gebot der Besitzlosigkeit so ernst, dass sie sogar komplett auf Kleidung verzichten. Die Einzigen, die davon irritiert zu sein scheinen, sind westliche Touristen, die bei dem Anblick meist den Kopf zur Seite wenden. Aber warum eigentlich?
Bis heute sehe ich gerade in dieser Möglichkeit des Sich-selbst-Ausprobierens die besondere Faszination des Reisens. Für viele liegt aber eben genau darin auch das größte Paradoxon. Sie betreten unbekannte Welten und sehen dort anderen Menschen dabei zu, wie diese ihren Alltag verbringen. Erfreut stellen sie fest, dass ihnen diese andere Art des Lebens durchaus mehr zusagt als die eigene. Anstatt sich jedoch einfach selbst diesen Lebensstil zu eigen zu machen, drehen sie sich nach einiger Zeit wieder seufzend um und kehren in jenes Leben zurück, aus dem sie als Reisende eigentlich ausbrechen wollten.

Wir machen das aber nicht unbedingt deshalb, weil uns die Freiheit fehlt, es anders zu machen. Vielmehr verstehen wir oft nicht, dass es allein an uns liegt, unsere unendliche Freiheit auch zu leben. Wo auch immer wir gerade sind.

Worin liegt deine ganz persönliche Freiheit?

Entdeckungen

Von jeher faszinieren mich Orte, an die man nur über gleichsam »geheime« Wege kommt. Je schwieriger ein Platz zu erreichen ist, umso aufregender finde ich ihn. Noch heute denke ich oft an die wunderbaren Ausflüge mit meinem Großvater, der nicht müde wurde, ständig neue »Abenteuerwege« für mich zu suchen, wie wir das damals nannten. Auf diesen mussten wir Bäche überwinden, Passagen durchqueren, in denen die Äste so tief hingen, dass die Bäume einen Tunnel bildeten, und immer wieder Ausschau nach der nächsten Markierung halten. Getrieben von der Frage, welche Überraschungen der Weg wohl noch bereithielt, legte ich die Strecken teilweise mit einer derartigen Geschwindigkeit zurück, dass mein Großvater kaum nachkam damit, neue zu finden.

Mit dem Alter verwandelten sich die Waldspaziergänge in größere Erkundungen, bei denen ich anfangs noch recht leicht zufriedenzustellen war. Da ich keinerlei Gefühl für Entfernungen hatte, musste das Ziel nicht unbedingt weit weg sein. Es genügte, wenn es mir unbekannt und neu war.

Es war eine glückliche Zeit, in der eine Fahrt in einen benachbarten Wiener Gemeindebezirk mindestens ebenso aufregend war, wie es heute eine Reise ins Ausland ist. Ich wollte nur etwas Neues sehen, Orte betreten, an denen ich nie zuvor gewesen war. Einfach wissen, wie es woanders aussah.

Damals spürte ich zum ersten Mal jene Sehnsucht nach

dem Unbekannten, die mich bis heute begleitet. Ob ich als Zehnjähriger die Wiener Straßenbahnlinien abging oder später mit öffentlichen Verkehrsmitteln von Wien bis Papua-Neuguinea reiste, die Motivation wie auch die Faszination blieben die gleichen.
Nun ist die Suche nach dem Unbekannten wahrscheinlich seit Jahrtausenden der Grund, weshalb Menschen unterwegs sind. Ich bin da mit Sicherheit keine Ausnahme. Dennoch stelle ich immer wieder fest, dass sich in den letzten Jahren so manches verändert hat. Auf den ersten Blick könnte man mittlerweile glauben, das Unbekannte wäre heute gar nicht mehr so unbekannt.
Vor dreißig Jahren waren Informationen über ferne Länder noch Mangelware. Mit Begeisterung sammelte ich Ansichtskarten und blätterte durch Reisekataloge und Bildbände, um zumindest einen kleinen Blick auf diese fremden Welten zu erhaschen. Heute sind solche Informationen quasi in Echtzeit verfügbar. Ein Umstand, der aber viele zu der falschen Annahme führt, sie wären ohnehin bereits überall gewesen. Wozu soll man noch reisen, wenn Eiffelturm, Taj Mahal und Chinesische Mauer in Wirklichkeit ohnehin genauso aussehen wie auf den Fotos? Eine Frage, die ich gerne mit einer Gegenfrage beantworte: Wozu leben, wenn wir ohnehin wissen, wie es weitergeht? Mit etwas Glück werden wir eines Tages alt und sterben. Aber ist das wirklich alles, was wir vom Leben erwarten dürfen?
Gerade in der heutigen Zeit hat das Unterwegssein nicht mehr unbedingt den Zweck, neues Wissen zu sammeln. Ganz im Gegenteil, wir dürfen uns zurücklehnen und uns an der Tatsache erfreuen, dass dies bereits andere für uns getan haben.

Vielmehr darf der moderne Reisende sich darüber glücklich schätzen, dass er sich vor Reiseantritt über Öffnungszeiten, Eintrittspreise und voraussichtliche Besuchsdauer der von ihm angepeilten Sehenswürdigkeiten informieren kann. Im Gegensatz zu seinen Vorgängern kann er so seinen Trip planen. Er muss nicht mehr befürchten, nach der Ankunft festzustellen, dass die touristischen Betriebe wegen eines Feiertags geschlossen sind. Er braucht keine Angst zu haben, tagelang zu einem Tempel anzureisen, um vor Ort mittels eines lapidaren Aushangs darüber informiert zu werden, dass das Innere wegen Renovierung auf unbestimmte Zeit nicht besichtigt werden kann.

Dennoch sollte uns das alles nicht dazu verführen, einem Trugschluss aufzusitzen. Nur weil wir heute bereits über vieles informiert sind, lange bevor wir aufbrechen, bedeutet das nicht, dass uns unterwegs nichts mehr überraschen kann. Seit jeher bedeutet Reisen das Entdecken von Neuem. Das kann ein Gebäude sein, das in Wirklichkeit ganz anders aussieht als auf einem Bild, ein Mensch, der uns mit seinem Aussehen verblüfft, ein Geruch, den wir noch nirgends wahrgenommen haben, und vieles andere mehr. Immer wieder habe ich mich unterwegs selbst neu entdeckt und über meine Begeisterung für Dinge gestaunt, die ich zu Hause als normal empfinde. Der Stoff, aus dem heute die Erinnerungen sind.

Wer aber nur die Bestätigung für etwas sucht, das ihm bereits bekannt ist, wird am Ende mit leeren Händen nach Hause kommen. Eine Liste zum Abhaken ist nämlich kein guter Begleiter.

Wenn nun der Sinn des Lebens nicht darin liegt, festzustellen, dass wir tatsächlich älter werden, warum sollte das dann beim Unterwegssein anders sein?

Bin ich in Bukarest, denke ich oft zurück an meinen ersten Besuch in der Hauptstadt Rumäniens. Damals wollte ich nach Istanbul fliegen und suchte die preisgünstigste Fluglinie, die ich finden konnte. Meine Wahl fiel auf die rumänische TAROM, weil diese noch einen weiteren Vorteil bot: Auf dem Weg durfte ich den Flug für mehrere Tage unterbrechen. Begeistert nutzte ich die Gelegenheit, Rumänien, dieses mir damals völlig unbekannte Land, kennenzulernen.
Ein klappriges Taxi brachte mich vom Flughafen direkt ins Stadtzentrum, wo ich am Ende einer langen Prachtallee völlig unerwartet vor einem Bauwerk ungekannten Ausmaßes stand: dem Haus des Volkes, bis heute das größte zivile Gebäude der Welt. Wohl hatte ich bereits so manches größenwahnsinnige Bauwerk gesehen. Doch was ich hier erblickte, übertraf einfach alles.
Wer heute zum ersten Mal vor der »Casa poporului« steht, hat meist vorher schon darüber gelesen. Manchmal ist die Langeweile der Touristen auf dem Weg dorthin förmlich zu spüren, weil sie glauben, ohnehin bereits zu wissen, was sie erwartet. Nur um dann festzustellen, dass kein Reiseführer, kein Foto und keinerlei Erzählung den Besucher auch nur annähernd auf das vorbereiten kann, was ihnen dann begegnet. Das Gebäude ist dermaßen groß, dass ich bis heute jedes Mal kurz innehalte, um einen ehrfürchtigen Blick darauf zu werfen.
In Wirklichkeit ist das, was vielen die Lust auf das Reisen verdirbt, einfach ein Paradoxon des menschlichen Denkens. Auf der einen Seite verspüren wir den Drang, uns so umfassend wie irgendwie möglich zu informieren. Schließlich wollen wir nicht nur unsere Neugier befriedigen, sondern unsere Tour genau wie auch unser Leben

möglichst von der ersten bis zur letzten Sekunde durchplanen. Umgekehrt steht uns der Sinn nach Abenteuer. Wie passt so etwas zusammen?

Ob wir unsere Sehnsucht durch Informationen verstärken oder einschränken, kommt am Ende nur auf uns selbst und auf unseren Fokus an. Wer glaubt, sich den allgegenwärtigen Informationen entziehen zu können, wird jedenfalls enttäuscht werden. Doch nur weil uns bekannt ist, wie es anderswo aussieht, wissen wir deshalb noch lange nicht, wie es sich anfühlt, dort zu sein.

Es ist, als würden wir versuchen, mit aus dem Urlaub mitgebrachten Tee die wunderbare Stimmung von unterwegs aufleben zu lassen. Jeder, der das einmal probiert hat, weiß, dass es nicht funktioniert. Reisen bedeutet, sich auf einen Zauber einzulassen, der uns im Alltag oft verborgen bleibt. Es heißt zu verstehen, dass das Geheimnis des Augenblicks nicht im Geschmack des Tees liegt, sondern allein in unserer Fähigkeit, uns im Moment der Reise mit allen Sinnen auf das Fremde einzulassen und das eigene Ich zurückzunehmen. Den Tee dort zu trinken und dort zu genießen, wo wir auch bereit sind, das Umfeld zu erleben. Um am Ende nicht den Tee, sondern die Erinnerung an einen unvergesslichen Moment einzupacken.

Wohl immer wird das Wunder des Entdeckens ein Geheimnis jener Reisenden bleiben, die bereit sind, die Welt vor Ort in sich aufzunehmen. Denn so wie nichts uns auf das Abenteuer vorbereiten kann, etwas Neues zu sehen, so wenig können wir es im Nachhinein mit jemandem anderen teilen, der nicht selbst dabei war.

Nicht durch die Planung betrügen wir uns also um die Magie, sondern allein durch unseren Irrglauben, ohnehin bereits alles zu wissen. Reisen ist ein wunderbarer Spiegel des Lebens. Wie wir uns unterwegs verhalten, so leben wir auch unseren Alltag. Wer gelangweilt jedes Buch zur Seite legt, weil er meint, ohnehin nichts Neues mehr daraus erfahren zu können, der tut auch als Reisender besser daran, dort zu bleiben, wo er gerade ist.

Wer aber akzeptiert, dass jeder Traum die Bereitschaft voraussetzt, sich auf ihn einzulassen und ihn wirklich zu träumen, der wird verstehen, dass es in jeder Sekunde etwas Neues zu entdecken gibt. Wir müssen nur bereit sein, es zu sehen.

*Was glaubst du,
bereits zu wissen?*

14

Veränderung

Wohl nur wenige Menschen haben ein ähnlich gespaltenes Verhältnis zum Thema Veränderung, wie es jene auszeichnet, die als Reisende unterwegs sind. Wer einmal an einen geliebten Urlaubsort zurückgekehrt ist, kennt den Schock, dort vieles nicht mehr so vorzufinden, wie man es im Jahr zuvor verlassen hat. Das Hotel mit dem wunderbaren Frühstücksbuffet hat vor drei Monaten geschlossen, die alte Saftbar erstrahlt in völlig neuem Glanz, und der immer lustige Kellner hat einen besser bezahlten Job gefunden. Vor Enttäuschung übersehen wir all die wunderbaren Dinge, die anstelle dessen entstanden sind, was wir nun vermissen.

Ginge es nach uns, würden wir diese Orte am liebsten bei der Abreise einfrieren, um sicherzustellen, dass wir sie bei einer eventuellen Rückkehr im gleichen Zustand auftauen können, in dem wir sie verlassen haben. Wozu aber sollten wir in diesem Fall überhaupt noch verreisen? Wozu das vertraute Zuhause überhaupt noch verlassen? Nur um an einem anderen Ort anzukommen, der uns genauso vertraut ist?

Veränderung ist nicht etwas, das nur andernorts stattfindet. Die Dinge verändern sich überall. Wo wir sie aber jeden Tag sehen, gewöhnen wir uns langsam an das Veränderte, und es fällt uns nicht mehr auf.

Doch wenn wir nach längerer Abwesenheit nach Hause zurückkehren, bemerken wir es auch dort: Wie vieles ist anders geworden! Der alte Baum wurde gefällt, in den

Neubau, der noch vor wenigen Wochen Baustelle war, sind Mieter eingezogen, und der alte Musiker aus der Fußgängerzone ist in unserer Abwesenheit gestorben. Dabei waren wir doch nur kurz weg!

Vielleicht liegt unsere Schwierigkeit im Umgang mit Veränderung auch darin, dass sie uns an unsere eigene Vergänglichkeit erinnert. Wenn nichts bleibt, wie es ist, wird offenbar, dass auch wir nicht ewig bleiben werden. Sollte uns diese Erkenntnis aber nicht umgekehrt gerade dazu auffordern, unser Leben zu leben? Würden wir Menschen gefragt, ob wir Veränderung wollen, wir wären dagegen. Tatsächlich werden wir aber nicht gefragt, und das ist auch gut so. Denn ein Leben ohne jedwede Veränderung wäre nicht nur todlangweilig, es würde uns träge werden und am Ende abstumpfen lassen.

»Wenn du niemals die Richtung änderst«, sagt man in China, »steht von vornherein fest, wo dein Weg enden wird.« Würde es uns in die Ferne ziehen, wenn wir wüssten, dort das Gleiche vorzufinden wie daheim? Ich glaube es kaum. Dann könnten wir genauso gut dort bleiben, wo wir sind.

Nun ist es natürlich nicht so, dass Menschen sich gegen jede Form der Veränderung sträuben. In diesem Fall wäre unsere Zivilisation noch immer dort, wo sie einst begonnen hat. Wir akzeptieren durchaus, dass Dinge anders werden. Voraussetzung ist aber, dass sich uns diese Tatsache entweder nicht zu abrupt aufdrängt oder zumindest vermeintlich zu unserem Vorteil ist. Niemand, der aus armen Verhältnissen kommt, hat ein Problem, sich an ein Leben im Luxus zu gewöhnen. Umgekehrt ist das schon viel schwieriger. Selbst wenn uns diese Unfähigkeit, auf einmal Erreichtes wieder zu verzichten, viel nehmen kann.

Ein Umstand, der mir wie so vieles während meiner Tätigkeit als Reiseleiter bewusst geworden ist. Anfangs war meine Art zu reisen vor allem von einem Mangel an finanziellen Ressourcen geprägt. Daher hatte ich mich im Laufe der Jahre daran gewöhnt, so günstig wie möglich unterwegs zu sein. Ich hatte mir zum Prinzip gemacht, so zu reisen, zu essen und zu schlafen, wie es auch die Einheimischen taten. Und das bedeutete gerade in Asien billige Unterkünfte, öffentliche Verkehrsmittel und Verpflegung aus der Garküche am Straßenrand.

Wahrscheinlich hätte ich diese Gewohnheit bis ans Ende meines Lebens beibehalten, ohne das Gefühl zu haben, etwas zu vermissen. Einfach, weil ich es nicht anders kannte und Asien für mich von Anfang an gelebte Einfachheit bedeutet hatte. Wäre ich nicht eines Tages gefragt worden, ob ich nicht Lust hätte, eine Reisegruppe nach Vietnam und Kambodscha zu begleiten. Hätte ich geahnt, in welchen inneren Konflikt mich diese Tour stürzen sollte, ich hätte das Angebot wohl abgelehnt. So aber brach ich auf und genoss es, die beiden mir seit Langem bekannten Länder aus einer völlig neuen Perspektive zu sehen. Statt Suppe in einem schmuddeligen Restaurant gab es ein reichhaltiges Frühstücksbuffet, und anstatt mich mit zwanzig anderen Personen in einen Minivan zu zwängen, war ich in einem Luxusbus mit Aircondition unterwegs. Ich kann nicht behaupten, dass mir diese Art des Reisens missfallen hätte. Ganz im Gegenteil. Und genau darin lag am Ende auch mein Problem. Eines Tages sah ich zwei Rucksackreisende, die gerade eines dieser heruntergekommenen Hostels verließen. Ich dachte an meine Luxusunterkunft und fühlte so etwas wie Mitleid. Wie konnten die Armen nur so unterwegs sein! Nie wieder, so schoss es mir durch den Kopf, wollte ich so reisen wie diese bedauernswerten Gestalten. Sollte ich noch einmal nach Asien zurückkehren, dann nur mit dem neuen Standard. Für alles andere, so war ich in diesem Moment überzeugt, war ich einfach zu alt.

Am Abend desselben Tages lag ich in einem weichen Bett mit perfekt weißem Bettzeug und erschrak über meine Idee. Hatte ich tatsächlich vor wenigen Stunden beschlossen, für dieses kleine bisschen Komfort alles aufzugeben, was das Reisen so viele Jahre für mich ausgemacht hatte? Auch wenn am Ende die guten Hotels zugunsten des authentischen Erlebnisses eine Ausnahme für mich bleiben sollten, habe ich damals verstanden, warum es vielen Menschen so schwerfällt, ihr Leben zu verändern. Zu groß ist ihre Angst, auf etwas Erworbenes verzichten zu müssen. Nur die allerwenigsten sind in der Lage zu erkennen, wie viel mehr sie für diesen vermeintlichen Verzicht zurückbekommen.

Natürlich sind die dreißig Jahre, die vergangen sind, seit ich das erste Mal asiatischen Boden betreten habe, weder an mir noch an Asien spurlos vorübergegangen. Doch die Veränderung war so schleichend, dass ich sie nicht weiter wahrgenommen habe. Natürlich hatte ich Jahr für Jahr bemerkt, dass während der Sommermonate, die ich meist in Europa verbrachte, etwas anders geworden war. Das alte Thai-Hotel gehörte plötzlich zur Sheraton-Gruppe; in das Lokal, in dem man immer so gut und billig gegessen hatte, war McDonald's eingezogen; und ganz generell schien Asien mit mir erwachsen zu werden. Doch auch wenn ich es ein bisschen bedauerte, war es im Grunde ganz in Ordnung. Ich wusste, was mich erwartete. Selbst nach sechs oder sieben Monaten Abwesenheit fühlte ich

mich sofort wieder zu Hause, und es bedeutete nur einen minimalen Aufwand, mich an die neuen Gegebenheiten anzupassen.
Im Rückblick kann ich nicht mehr sagen, wie glücklich ich mit diesen Veränderungen wirklich war. Ich weiß nur, dass ich durchaus fühlte, dass die Gegend langsam begann, das zu verlieren, was ich so viele Jahre an ihr geliebt hatte. Zwar beruhigte ich mich wie auch alle anderen mit der alten Ausrede, dass das der Lauf der Dinge sei und sich eben alles verändere. Doch mit der Zeit wurde meine Unzufriedenheit größer und größer. Wo ich einst jeden Tag neue, aufregende Dinge entdeckt hatte, fühlte ich mehr und mehr eine langweilige Erwartbarkeit. Waren die Veränderungen, die ich so lange nicht hatte wahrhaben wollen, plötzlich zu mächtig geworden? Hatte sich der Südosten Asiens über die Jahre so sehr an Europa angeglichen, dass es dort für mich nichts mehr zu erleben gab? Eine Zeit lang war ich geneigt, diese These zu glauben. Bis mir eines Tages auffiel, mit welcher Begeisterung junge Reisende in diese Welt eintauchten, die für sie völlig neu und unbekannt war. Lag es also gar nicht nur daran, dass die mir einst so vertraute Umgebung eine andere geworden war? Hatte auch ich selbst mich über die Jahre verändert? War es vielleicht auch meine Erfahrung, die mich den gleichen, einmal so aufregenden Ort nun so anders sehen ließ?
Eine Erkenntnis, die eine neue Frage aufwarf. Wer eigentlich zwang mich, Jahr für Jahr in dieselben Länder zu fahren? Die Antwort war klar: Kein anderer als ich selbst. Daher konnte auch niemand außer mir meiner Unzufriedenheit ein Ende machen. Ich musste mir nur neue Herausforderungen suchen.

Doch wohin sollte ich noch fahren? Die meisten Staaten Asiens hatte ich zur Genüge bereist. Es blieb nur noch ein Land, welches mir auf Anhieb so wenig zugesagt hatte, dass ich nur selten dorthin zurückgekehrt war. Ich überlegte, dem indischen Subkontinent dennoch noch eine Chance zu geben. Doch umgehend fand ich Gründe dafür, warum auch das keine Lösung war. Wieso sollte die Modernisierung, die sogar Länder wie China ergriffen hatte, ausgerechnet an diesem Land vorbeigegangen sein?
Doch vor die Wahl gestellt, an den alten, mir zum Großteil viel zu bekannten Orten unglücklich zu sein oder mir aber ein neues Ziel zu suchen, entschied ich mich für Letzteres. Eine Entscheidung, die ich nicht bereuen sollte.
Ganz im Gegenteil fand ich mich völlig entgegen meiner Erwartung auf einmal in jenem Asien wieder, das ich als Zwanzigjähriger erstmals kennen- und lieben gelernt hatte. Nichts schien sich während meiner jahrelangen Abwesenheit verändert zu haben. Indien war genauso laut, chaotisch und wunderbar geblieben, wie ich es vor vielen Jahren völlig überfordert verlassen hatte. Hier stand auch ich, der erfahrene Reisende, auf einmal mit offenem Mund herum und versuchte, der auf mich einprasselnden Eindrücke und Informationen Herr zu werden. Es war der Moment, in dem ich etwas Grundlegendes begriff. Nicht nur mein Umfeld war anders geworden, auch ich selbst hatte mich im Laufe der Jahre verändert. Ich war älter geworden, erfahrener und anspruchsvoller als noch am Anfang meiner Reisetätigkeit. Wollte ich neue Herausforderungen finden, so konnte allein ich selbst mich ändern.
Es ist das Wesen der Veränderung, dass sie die Dinge anders werden lässt. Das bedeutet aber nicht, dass sie

damit zwingend etwas zerstört. Lassen wir uns unvoreingenommen auf Veränderung ein, wird sie zu einer Herausforderung, die uns den Blick auf etwas völlig Unerwartetes eröffnen kann: auf unser verändertes Ich.

*Wann änderst du
die Richtung?*

Abenteuer

Irgendwann kennt jeder Reisende die berühmte Bitte, von seinen größten Abenteuern zu erzählen. Gab es Begebenheiten, so wollen die Umstehenden dann wissen, die dir besonders im Gedächtnis geblieben sind? Situationen, in denen du dich gefragt hast, wie du jemals wieder aus ihnen herauskommen sollst?

Gerne erzähle ich dann davon, dass in Indien eines Tages um vier Uhr früh jemand an die Tür unseres Hotelzimmers klopfte. Ich öffnete, und plötzlich standen drei Herren im Raum. Geheimdienst. Zu unserer eigenen Sicherheit sollten wir die im Norden des Landes gelegene Stadt Amritsar so schnell wie möglich verlassen. Doch selbst wenn ich bis heute lebhaft vor mir sehe, wie ich kurz darauf mit zitternden Knien in einem Zug Richtung Delhi saß, während am Bahnhof schwer bewaffnete Soldaten die ankommenden Waggons verließen, ist es dennoch nicht diese Art von Vorkommnissen, die für mich das Abenteuer des Reisens ausmachen.

Viel eher kommt mir da schon eine vergleichsweise harmlose Situation im indischen Kolkata in den Sinn. Bis heute greife ich mir an den Kopf, wenn ich daran denke, wie dumm ich damals war. Es geschah Mitte der Neunzigerjahre. Die Welt hatte weder von Mobiltelefonen noch Internet gehört, als wir nach einer sehr langen Busfahrt in der damals noch als Kalkutta bekannten Stadt ankamen. Getrieben von dem Drang, uns nach dem langen Sitzen endlich zu bewegen, bezogen meine Partnerin und ich die nächstverfügbare Unterkunft. Wir warfen unsere Rucksäcke auf die Betten und machten uns auf, die Stadt zu erkunden.

Nun ist Kolkata wie die meisten indischen Städte ein faszinierendes, von Millionen Menschen bevölkertes Labyrinth, durch das sich pro Tag gefühlt mindestens ebenso viele Autos und Rikschas wälzen. Wir waren so darauf fixiert, uns einen Weg durch die engen Gassen zu bahnen, dass wir gar nicht daran dachten, uns den Rückweg zum Hotel einzuprägen. Gleichzeitig schien uns das gar nicht besonders wichtig, da wir uns im schlimmsten Fall ohnehin von einem Taxi zurückbringen lassen konnten.

Nachdem wir etwa fünf Stunden lang durch die Stadt gebummelt waren, begann es, dunkel zu werden, und wir beschlossen, in unsere Unterkunft zurückzukehren. Die böse Überraschung kam, als wir eine Rikscha anhielten und mit dem Fahrer über den Preis verhandeln wollten. Weder meine Partnerin noch ich hatten uns nämlich in der Eile den Namen des Hotels eingeprägt, und entgegen unserer Gewohnheit hatten wir auch keine Visitenkarte eingesteckt.

Nachdem wir die Rikscha wieder weggeschickt hatten, wurde uns schlagartig der Ernst unserer Situation bewusst. Wir befanden uns inmitten einer uns völlig unbekannten indischen Großstadt, unser Gepäck lag in einem Hotel, dessen Namen wir nicht mehr wussten, und es begann dunkel zu werden. Was sollten wir tun?

In diesem Moment schubste uns jemand von hinten an. Der Rikscha-Fahrer war zurückgekehrt. Da er fast kein Englisch sprach, deutete er nur mit dem Daumen auf die Rückbank. Gespannt, wohin uns der Mann wohl bringen würde, stiegen wir ein. Die Fahrt endete nach wenigen hundert Metern vor einem Reisebüro. Der Fahrer winkte ab, als ich ihn nach dem Preis für die Fahrt fragte, und bedeutete uns, ihm in das Geschäft zu folgen. Nachdem er dem Besitzer unsere Situation erklärt hatte, fragte ich den Mann, ob er meinte, uns helfen zu können. Dieser wiegte bedächtig den Kopf und nahm wortlos vor einem Schreibtisch mit einem riesigen Telefon Platz. Was wir ihm über unsere Unterkunft sagen könnten? Wenig. Außer, so fiel meiner Partnerin ein, dass der Name etwas mit einem Garten zu tun gehabt hatte. Der Mann wollte wissen, wie wir hießen, und begann zu telefonieren.

Während sich der Laden mit immer mehr Einheimischen füllte, für die wir Ausländer wohl die größte Attraktion seit Langem waren, wählte der Chef eine Nummer nach der anderen. Doch jedes Mal legte er kopfschüttelnd auf. Keines der Hotels, die auf unsere Beschreibung passten, hatte Ausländer auf seiner Gästeliste.

Wir hatten uns gerade dazu durchgerungen, die Polizei um Hilfe zu bitten, als plötzlich einer der Inder, der bis dahin die Situation an einem Zahnstocher kauend beobachtet hatte, den Chef bat, uns etwas zu übersetzen. Wir hätten doch etwas von einem Garten gesagt. Ob es denn noch irgendetwas gäbe, was mir an dem Ort besonders aufgefallen sei. Natürlich! Auf einmal hatte ich ein Bild vor Augen. Der große Garten mit dem riesigen Baum in der Mitte, bei dessen Anblick ich noch kurz überlegt hatte, ob wir den Nachmittag nicht lieber dort verbringen sollten! Ein weiteres Telefonat, und wir stiegen erleichtert in die Rikscha.

Auch wenn das Hotel schon lange nicht mehr existiert, den Namen »Garden View Inn« werde ich wohl genauso wenig vergessen, wie ich bis heute reflexhaft noch vor dem Check-in eine Visitenkarte einstecke, egal, wo ich gerade ankomme.

Nun könnte man meinen, dass ein solches Abenteuer heutzutage gar nicht mehr möglich wäre. Schließlich tragen wir mittlerweile nicht nur die Adressen und Telefonnummern sämtlicher Hotels mit uns herum, sondern auch gleich den Stadtplan zuzüglich Navigationsgerät. Doch diese Annahme ist übereilt. Verzeichnisse mit den Adressen der Unterkünfte gab es auch bereits vor 25 Jahren. Andernfalls wäre es dem Besitzer des Reisebüros kaum möglich gewesen, in unserem Hotel anzurufen.

Was wäre heute anders? Wenn ich die Buchung über eines der großen Online-Portale durchführte, sodass der Name des Hotels automatisch in meinem Mobiltelefon gespeichert wäre, könnte ich tatsächlich den Weg zurückfinden. Da ich das aber wo immer möglich vermeide, stünde ich in Wirklichkeit auch heute nicht viel schlauer da. Tatsächlich könnte ich noch immer auf einen Zahnstocher kauenden Inder angewiesen sein oder auf jemand anders, der mit der mir fremden Umgebung vertraut ist.

Ständige Erreichbarkeit, sogenannte »soziale Netzwerke« und die diversen anderen Segnungen der modernen Technik zerstören das Abenteuer nämlich nur auf den ersten Blick. Schließlich zwingt uns niemand, sie auch zu nutzen. Die Einzigen, die uns das Abenteuer tatsächlich zerstören können, sind wir uns selbst. Schließlich sind nur wir es, die nicht mehr für uns denken, handeln und leben, sondern nur noch für jene, die wir mit unserem Lebensstil beeindrucken wollen.

Wie sehr haben wir noch vor ein paar Jahren über die

asiatischen Touristen gelacht, welche die ganze Reise auf Video aufgenommen haben, damit sie zu Hause vor dem Fernseher feststellen konnten, wo sie eigentlich gewesen sind. Wie befremdlich schien uns damals dieses Verhalten, das wir heute eins zu eins kopieren. Doch wenn uns schon damals klar war, dass es weder gut noch gesund ist, nur für ein Fremdbild zu leben, warum haben wir dann nichts daraus gelernt?

Es geht nicht darum, nicht auch die Daheimgebliebenen an dem teilhaben zu lassen, was wir unterwegs erlebt haben. Wir dürfen uns auch ruhig wohlfühlen unter den bewundernden Blicken unserer Zuhörer. Doch sollte eben diese Bewunderung nicht die Motivation für unser Handeln und schon gar nicht für unsere Reisen sein.

Sobald wir das Abenteuer nur noch suchen, um andere damit zu beeindrucken, haben wir es bereits verloren. Dann tun wir nämlich wieder genau das, von dem wir glauben, dass andere wollen, dass wir es tun. Wer frühmorgens die Strapaze auf sich nimmt, den steilen Bergpfad bis hinauf zu jenem Punkt zu gehen, von dem aus der Sonnenaufgang am prächtigsten zu sehen ist, der sollte das vor allem für sich selbst machen. Und nicht nur dafür, um Fotos zu machen und nachher mit seinem Tun prahlen zu können.

Nicht einmal in jener Zeit, in der ich als Berufsfotograf mit Bildern meinen Lebensunterhalt verdient habe, war mir das Foto jemals eine Haupt-Reisemotivation. Im Vordergrund steht vielmehr bis heute das, was ich erleben kann.

Mehr als irgendwo anders ist es gerade unterwegs unsere eigene Entscheidung, was wir tun und was wir beschließen, sein zu lassen. Wo sonst werden wir jemals wieder so frei sein, wie wir es auf einer Reise sind? Niemand, der viele tausend Kilometer von uns entfernt zu Hause sitzt, kann uns zwingen, ständig mit ihm zu kommunizieren. Nur weil es eine Möglichkeit dazu gibt, bedeutet das noch lange nicht, dass wir diese auch nutzen müssen.

Dennoch beobachte ich, wie schwer es heute gerade jungen Reisenden fällt, auch nur einen halben Tag auf die regelmäßige Berichterstattung an die Daheimgebliebenen zu verzichten. Zugegeben, in den ersten Jahren, in denen ich unterwegs war, wurde uns diese Entscheidung abgenommen. Nach Hause zu telefonieren bedeutete stundenlanges Anstehen an einem Postamt, hoffen, dass eine Verbindung zustande kam und dann ein von Knacken und Rauschen überlagertes und unterbrochenes Gespräch. Doch selbst wenn es einfacher gewesen wäre, hätten wohl die meisten von uns freiwillig darauf verzichtet, uns öfter zu melden, als es unbedingt notwendig war.

Nichtsdestotrotz ist die Freiheit heute nicht geringer geworden und das Abenteuer des Unterwegsseins nicht kleiner. Wir müssen nur verstehen, dass Abenteuer zu erleben immer auch bedeutet, uns auf neue Herausforderungen einzulassen und uns diesen, wo immer nötig, auch zu stellen. Abenteuer sind niemals bequem. Sonst erlebten sie ja alle, und wir Reisenden hätten nichts mehr zu erzählen. Unterwegs wie auch sonst im Leben offenbaren sich die wahren Abenteuer aber nur demjenigen, der bereit ist, sie anzunehmen.

Wir sollten daher nicht gleich aufgeben, wenn wir einmal in eine weniger bequeme Situation kommen. Die wahren Abenteuer, heißt es so schön, sind im Kopf. Sie bestehen aus den vielen kleinen Wundern, die man im Alltag so leicht übersieht. Und aus unserer Bereitschaft, diese für uns selbst zu entdecken.

Von welchem Abenteuer träumst du?

Zweifel

Gleichgültig, wie lange man als Reisender bereits unterwegs ist, es wird immer Plätze geben, die man noch sehen will. Einer davon war für mich lange das im hohen Norden Indiens gelegene Rishikesh. Ein kleiner Ort, nahe der Quelle des Ganges, berühmt vor allem für seine Yoga-Schulen. Doch seit in den späten Sechzigerjahren die Beatles in einem der dortigen Ashrams meditierten, eilt dem Städtchen der Ruf voraus, vor westlichen Touristen geradezu überzuquellen. Nicht unbedingt die beste Voraussetzung für einen Sehnsuchtsort. Lange Zeit hatte ich deshalb den Besuch aufgeschoben. Dennoch blieb Rishikesh in meinem Hinterkopf und war es auch, als ich vor einigen Jahren wieder einmal mit einer Menge Zeit in Delhi ankam, unschlüssig, wohin ich weiterfahren sollte. Zwar hatte ich durchaus Respekt vor dem, was mich in Rishikesh erwarten mochte. Aber die Sehnsucht, diesen heiligen Ort einmal mit eigenen Augen zu sehen, war größer als meine Furcht vor einer möglichen Enttäuschung.

Ich nahm einen Morgenzug nach Haridwar und erreichte nach vier Stunden die meinem Ziel am nächsten gelegene Stadt, die an das Bahnnetz angebunden ist. Von dort hatte ich vor, mit einer Rikscha zu meinem eigentlichen Zielort zu fahren. Doch obwohl ich unterwegs so gut wie keinerlei Ausländern begegnet war, hielten mich meine Zweifel anfangs von einer Weiterfahrt ab. Was, wenn es dort tatsächlich nur so vor zugedröhnten oder betrunkenen Touristen strotzte, wie ich überall gelesen hatte? Ich beschloss, erst einmal einen Tag in Haridwar zu bleiben und am nächsten Morgen zu einem Tagesausflug nach Rishikesh aufzubrechen. So musste ich mir weder das idyllische Bild, das ich von diesem berühmten Ort im Kopf hatte, von einer unschönen Wirklichkeit zerstören lassen, noch ganz darauf verzichten, ihn zu sehen. Vielleicht war ja alles gar nicht so schlimm?

Ich verbrachte einen faszinierenden Nachmittag in Haridwar, an dem ich die Pilger bei ihren rituellen Waschungen beobachtete. Männer wie Frauen gingen vollständig bekleidet in den Fluss, um darin bis zu den Haarspitzen unterzutauchen. Abends überdachte ich meine Situation noch einmal in Ruhe. Was, wenn es mir wider Erwarten in Rishikesh so gut gefiel, dass ich länger als nur einen Tag bleiben wollte? Dann müsste ich die dreistündige Fahrt gleich vier Mal machen. Also packte ich meine Sachen und machte mich mit Gepäck auf den Weg.

Die ersten Zweifel kamen mir bereits bei der Ankunft. Der Rikscha-Fahrer hatte mich an einem zentralen Platz aussteigen lassen, um den herum eine Menge Taxis warteten. Doch gleichgültig, welchem Fahrer ich die Adresse der Unterkunft zeigte, alle winkten ab. Warum wollte mich keiner zu dem Hotel bringen? Auch wenn ich den tatsächlichen Grund nicht verstand, da keiner der Männer Englisch sprach, war ich schnell überzeugt, ihn zu kennen: Es existierte einfach nicht!

Verärgert, offenbar einer Fehlinformation aufgesessen zu sein, machte ich mich durch das Menschengewühl auf in Richtung Ganges. Vielleicht ließe sich ja dort eine andere Unterkunft finden. Irgendwo mussten die anderen Touristen schließlich auch übernachten.

Gedankenverloren war ich vielleicht zehn Minuten unterwegs gewesen, als neben mir jemand hupte. Ich drehte mich um und blickte in ein freundlich lächelndes Gesicht. Es war der Fahrer eines Minibusses, der mich fragend ansah. Ohne allzu große Hoffnung zeigte ich ihm die Adresse, doch er bedeutete mir tatsächlich, einzusteigen. Dann gab es das Hotel also doch!

Doch die Fahrt endete bereits nach wenigen Minuten an einer langen, schmalen Brücke, die für den Autoverkehr gesperrt war. Der Chauffeur verabschiedete mich mit den Worten, ich solle sie überqueren und dann am anderen Ende noch einmal nach meiner Unterkunft fragen. Deshalb also hatten die anderen Taxifahrer abgewinkt! Offenbar konnte mein Quartier nur zu Fuß erreicht werden.

Ich ging über den schmalen Steg, der die beiden Ufer des Ganges verband, als mein Blick unvermittelt auf eine große, weiße Statue fiel. Ich beschleunigte meinen Schritt. Wie lange schon hatte ich mir gewünscht, vor diesem berühmten, überlebensgroßen Abbild von Lord Shiva zu stehen! Bereits auf den Fotos, auf denen ich sie zum ersten Mal gesehen hatte, war mir die ruhige Überlegenheit im Ausdruck dieser Gottheit aufgefallen. Ich war Shiva bereits in Tausenden Abbildungen begegnet. Aber nirgendwo anders hatte eine derart starke spirituelle Kraft empfunden, wie sie von dieser Darstellung ausging.

Die etwa drei Meter hohe Figur stellte den Gott dar, wie er mit gekreuzten Beinen auf einem kleinen Felsplateau im Fluss saß, tief in eine Meditation versunken. Das zu einem Knoten aufgesteckte, lange Haar wie auch die wohlgeformten, muskulösen Arme waren mit Schlangen geschmückt, die sich auch um seine Brust wanden. Eine Gottheit, so ging es mir durch den Kopf, als ich die Ruhe

fühlte, die von dieser Statue ausging, meditiert überall dort, wo sie gerade möchte.
Als ich mich wie benommen vor Shiva verneigte, wusste ich, dass meine Zweifel überflüssig gewesen waren. Was immer mich in diesem Ort noch erwarten sollte, allein diese Begegnung war es bereits wert gewesen, hierherzukommen.
Das buchstäbliche böse Erwachen aber kam in der darauffolgenden Nacht. Ich hatte mich wie gewohnt in T-Shirt und Boxershorts schlafen gelegt, in der irrigen Annahme, die warmen Tagestemperaturen würden auch in der Nacht anhalten. Doch weit gefehlt. In meinem Zimmer hatte es nur noch gefühlte fünf Grad. Zitternd vor Kälte fragte ich mich, warum ich nicht an der Rezeption nach einem Heizstrahler oder zumindest nach einer zweiten Decke gefragt hatte!
Frierend stand ich auf, um mir eine lange Hose, ein zweites T-Shirt und einen Pullover anzuziehen. Dann legte ich mich zurück ins Bett und schlief wieder ein. Doch bereits nach kurzer Zeit war mir erneut so kalt, dass ich wieder wach wurde. Was zum Teufel, so fragte ich mich in diesem Moment, tat ich hier eigentlich? Wozu um alles in der Welt lag ich hier frierend im Bett und riskierte eine kräftige Erkältung, wenn ich doch daheim eine wunderbar warme Wohnung hatte? Dabei war ich nach Indien gereist, weil ich dem Winter entfliehen wollte!
Während ich nach meiner Regenjacke suchte, um noch eine weitere Schicht überzuziehen, schwor ich mir, dass dieses Abenteuer mein letztes sein sollte. Von nun an würde ich die Winter wie alle anderen Menschen auch in meinem geheizten Zuhause verbringen.
Obwohl mich dieser Gedanke beruhigte, beunruhigte

er mich zugleich. War es denn wirklich das, was ich wollte? Erschrocken über diesen Wunsch stellte ich mir vor, ich wäre tatsächlich daheim. Zwar läge ich gerade nicht in diesem eiskalten Zimmer. Doch hätte ich auch auf die wunderbare Begegnung mit Gott Shiva verzichten müssen. Spätestens in dem Moment, in dem ich tatsächlich zu Hause ankäme, so wurde mir in diesem Augenblick klar, würde ich wieder wissen, warum ich eigentlich aufgebrochen war. Sofort stand mein Entschluss fest. Die Zweifel, die mich quälten, sollten mich nicht von der Weiterreise abhalten. Ganz im Gegenteil, sie sollten mir vielmehr zeigen, wie sehr ich auf dem richtigen Weg war.

Ich stellte mir vor, neben dem weißen Shiva zu meditieren, und nickte wieder ein.

Zweifel, so habe ich in jener Nacht begriffen, haben weniger mit den Gegebenheiten zu tun, die wir vorfinden, als mit jenen, die wir erwarten. Daher entstehen sie auch nicht zwingend dort, wo es anstrengend oder schwierig wird. Wir zweifeln vielmehr dort, wo die Dinge nicht auf Anhieb so sind, wie wir sie uns vorstellen.

Wie oft habe ich das erlebt, wenn wir nach einer langen und anstrengenden Fahrt an einem Zielort ankamen. Plötzlich schien alles nur noch grau, laut und schrecklich zu sein, und sicher fragte nicht nur ich mich, was ich dort eigentlich verloren hatte.

Bewusst erlebt habe ich auch das erstmals in Indien. Es war auf einer meiner ersten Reisen überhaupt, als ich nach einem sehr langen Flug in Mumbai ankam. Übernächtigt, hungrig und genervt von der Enge im Flugzeug, freute ich mich nur noch auf ein gutes Essen, einen kleinen Spaziergang durch einen ruhigen Park und dann auf ein weiches Bett. Doch als ich vor meinem Hotel aus dem Taxi stieg, war die Überforderung perfekt. Menschenmassen, wohin ich schaute, der Verkehr war nervtötend und laut, und alles Essen war so scharf, dass mir schon der Geruch den Atem nahm. Wo war ich hier nur gelandet? Am liebsten wäre ich wieder umgekehrt und zurück zum Flughafen gefahren.

Ich nahm mir vor, die Stadt so schnell wie möglich zu verlassen und gleich am nächsten Tag weiterzufahren. Ein Vorhaben, dem ich allerdings bereits selbst einen Riegel vorgeschoben hatte, da mir schon vorher klar gewesen war, was auf mich zukommen würde.

Im Laufe der Zeit habe ich realisiert, dass die Überforderung am Ankunftstag genauso zu einer Reise gehört wie das Packen des Rucksacks und die Vorfreude auf das Unterwegs.

Damals war ich noch dabei, das Reisen und mich selbst kennenzulernen. Unsicher, wie mir Mumbai gefallen würde, hatte ich mich zum Bleiben gezwungen, indem ich bereits vor der Abreise eine Unterkunft für drei Nächte gebucht hatte. Ein Vorgehen, dem ich übrigens bis heute treu geblieben bin.

Und wie anders sah die Welt tatsächlich am nächsten Tag aus! Wo es mir wenige Stunden zuvor noch unerträglich erschienen war, war es auf einmal faszinierend schön. Als ich nach einem ersten Rundgang durch die Stadt das berühmte Gate of India erreicht hatte, setzte ich mich auf eine Bank und schaute dem Treiben der Händler zu, die versuchten, vorbeikommende Touristen für ihre Souvenirs zu begeistern.

Zweifel, so sagt man in Indien, sind das Wartezimmer der Erkenntnis. Sie sollen uns nicht von unseren Vorhaben abhalten, sondern uns vielmehr in ihnen bestärken.

Nicht die Skepsis ist es, die uns bequem macht und von jeder Veränderung abhält, sondern vielmehr ihre Abwesenheit. Wer keine Zweifel hat, der bewegt sich ausschließlich in seiner Komfortzone. Doch wenn ohnehin alles klar und geregelt wirkt, was sollte uns dann antreiben, etwas Neues zu probieren?

Selbst in einem Job, so unangenehm er uns auch erscheinen mag, bleiben wir meist zu lange, weil er uns Sicherheit gibt. Erst wenn wir ernsthaft daran zweifeln, in einigen Wochen auch wirklich dort noch einen Arbeitsplatz zu haben, schauen wir uns nach etwas Neuem um. Zweifel zwingen uns, über unsere wirklichen Ziele genauso nachzudenken wie über die Frage, was wir tatsächlich bereit sind, dafür zu geben, sie zu erreichen.

Vor über zwanzig Jahren bereiste ich als einer der ersten Ausländer das damals noch kommunistische Laos. Obwohl es relativ bald möglich war, sich mehr oder weniger frei in diesem Land zu bewegen, galt das Unterwegssein lange Zeit als große Herausforderung. Die einzigen Transportmittel waren kleine, uralte Minibusse, die ständig den Geist aufgaben. Man teilte sich eine schmale Sitzbank mit fünf bis sechs Personen, es wurden einem Säcke auf die Füße gestellt, und Hühner, Ziegen und andere Tiere liefen im Auto frei herum, weil sie zu den verschiedenen Märkten gebracht wurden.

Obwohl es recht bald wagemutige Reisende gab, die diese Erfahrung auf sich nahmen, wagten sich nur ganz wenige an die Königsklasse: die im äußersten Norden des Landes gelegene Provinz Phongsali. Sie galt als abgelegen, authentisch und unglaublich beeindruckend. Doch während eine normale Fahrt zwischen zwei größeren Ortschaften höchstens vier bis fünf Stunden dauerte,

war Phongsali nicht unter zwölf Stunden pro Strecke erreichbar, und das unter den beschriebenen Umständen. Nur die wenigsten von uns besuchten damals diese faszinierende Gegend. Zu groß waren die Zweifel, ob das Erlebnis am Ende die Strapazen auch wert wäre, und so suchten viele nach Gründen, auf die Reise zu verzichten. Die wenigen, die sich damals auf das Abenteuer eingelassen haben, denken wohl wie ich bis heute daran zurück. Nie wieder hatte ich das dermaßen beglückende Gefühl, in einer völlig anderen Welt angekommen zu sein. Als mich die Menschen, die alle ihre traditionelle Tracht trugen, baten, sie in ihren einfachen Häusern zu besuchen, ohne dafür irgendeine Gegenleistung zu erwarten, wusste ich, warum ich die Mühe der Anreise auf mich genommen hatte.
Große Erlebnisse, so ging es mir damals durch den Kopf, hat nur derjenige, der auch bereit ist, in sie zu investieren. Wie viel hatten all jene versäumt, die sich diese zugegebenermaßen anstrengende Tour selbst schlechtgeredet hatten?
Zweifel sollten uns niemals dazu anhalten, unsere Ziele aufzugeben. Vielmehr wollen sie uns dazu zwingen, uns sicher zu sein, dass wir sie auch wirklich erreichen wollen, trotz aller Hindernisse, die uns unterwegs begegnen könnten. Nur dann sind wir nämlich am Ende auch bereit, das Erreichte zu schätzen.

Was entgegnest du deinen Zweifeln?

19

Verständigung

Eines Tages war ich wie so oft als einziger Ausländer in einem der überfüllten öffentlichen Busse durch Laos unterwegs, als dieser vor einer Art Restaurant hielt. Streng genommen handelte es sich um eine aus einigen Brettern zusammengezimmerte Holzhütte, in deren Mitte sich ein großer Topf befand. Einige ältere Damen schöpften daraus eine undefinierbare Brühe in Essschalen. Direkt neben der Straße saßen bereits einige Menschen auf zu Schemeln umfunktionierten Baumstümpfen und aßen. Der Fahrer sagte ein paar Worte, dann klopfte er mit dem Mittelfinger auf eine imaginäre Armbanduhr und stieg aus. Als ich das Fahrzeug verließ, stellte ich fest, dass ich draußen bereits erwartet wurde. Zwei andere Fahrgäste erklärten mir mit Händen und Füßen, dass wir nun dreißig Minuten Mittagspause hätten und ich unbedingt etwas essen solle. Während sie mich zur Theke begleiteten, überkam mich ein Gefühl tiefer Dankbarkeit. Obwohl ich bereits auf den ersten Blick als Fremder zu erkennen war, behandelten mich die Einheimischen wie auch an sonst fast allen Orten wie einen von ihnen. Niemals hat mir jemand in den vielen Jahren, die ich in Asien unterwegs war, das Gefühl gegeben, ein Fremder zu sein oder nicht dazuzugehören.

Nachdem auch ich meinen Suppenteller in der Hand hielt, entstand eine richtige Diskussion um die Frage, wo ich sitzen sollte. Gefühlt jeder meiner Mitreisenden wollte, dass ich neben ihm Platz nahm. Nachdem wir gemein-

sam mit der Lokalinhaberin eine Lösung gefunden und die provisorischen Stühle im Kreis aufgestellt hatten, lächelten mich die anderen neugierig an. Wie gerne hätte ich sie gefragt, wohin sie gerade unterwegs waren und was sie dort erwartete!
In diesem Moment wurde mir bewusst, dass ich bei all der Freundlichkeit mit keinem einzigen der Menschen, mit denen ich hier zusammensaß, ein Gespräch führen konnte, das über »Bitte«, »Danke« und ein »Guten Tag« hinausging. Ich konnte sie weder fragen, wie die Suppe hieß, die wir gerade gemeinsam löffelten, noch wie lange die Fahrt zum Zielort wohl dauern würde.
In diesem Moment kam mir die Geschichte des Turmbaus zu Babel in den Kopf. Nie wieder, so hieß es darin, sollten sich die Völker dieser Erde untereinander verständigen können. War es aber tatsächlich so, dass uns mit der gemeinsamen Sprache auch jedwede andere Möglichkeit der Kommunikation abhandengekommen ist?
Ich wollte mich gestikulierend bedanken, als ich eine ungeschickte Bewegung machte. Der gesamte Inhalt der Suppenschlüssel ergoss sich über meine Hose. Alle lachten, und auch wenn mir nicht wirklich klar war, was an meinem Missgeschick so lustig sein konnte, lachte ich befreit mit. Ich kratzte mir gerade mit einem Plastiklöffel die Gemüsereste von der Hose, als ich aus dem Augenwinkel mitbekam, dass bereits einer der Fahrgäste aus dem Bus ein Tuch geholt hatte, während sich eine Dame mit einer neugefüllten Suppenschüssel näherte.
Ich griff nach meinem Geld, doch sie winkte nur mit einem heftigen Kopfschütteln ab und deutete auf den Boden, wo sich gerade die Reste meines Essens mit dem Staub zu kleinen Klumpen vermischten. Als ich mich in

meiner Überraschung auf Deutsch für das unerwartete Geschenk bedankte, fiel mir das Gesicht eines Freundes ein, der mich Jahre zuvor in Süditalien beim Einkauf in einem kleinen Laden beobachtet hatte. »Du sprichst beinhart Deutsch mit denen?«, hatte er erstaunt gefragt, nachdem ich mangels Kenntnisse der italienischen Sprache meine Wünsche in meiner Muttersprache vorgebracht hatte. »Was sonst?«, fragte ich zurück. »Na ja, zumindest könntest du es auf Englisch versuchen! Ich weiß, das verstehen sie vermutlich genauso wenig, aber trotzdem ...«

Bis heute bin ich meiner Gewohnheit treu geblieben, mit Menschen, mit denen ich keine gemeinsame Sprache habe, auf Deutsch zu kommunizieren. Sosehr ich durch die vielen Jahre des Reisens auch darin geübt bin, mich auf Englisch oder in einer anderen Fremdsprache zu unterhalten, sind mein Tonfall und mein Ausdruck noch immer anders, wenn ich in meiner eigenen Sprache rede. Eine befreundete Psychologin hatte dafür einmal den wunderbaren Ausdruck der »Seelensprache«. Schöner kann man es, glaube ich, gar nicht ausdrücken. Auch ohne Worte wurde ich so bis heute überall verstanden.

Nun ist mir natürlich klar, dass weder die Globalisierung noch die internationale Wirtschaft ohne so etwas wie eine »Weltsprache« funktionieren könnten. Doch als Reisende haben wir es weder mit dem einen noch mit dem anderen zu tun. Wir sind vielmehr Gäste, denen es gestattet ist, eine fremde Welt zu betreten, und die daher dankbar alles daransetzen sollten, aus dieser Kultur so viel wie möglich mitzunehmen.

Oft wird mir nun in diesem Zusammenhang das Argument entgegengebracht, dass man doch unmöglich alle Sprachen dieser Welt erlernen könne, und ich stimme dem sogar zu. Umgekehrt kann ich auf Vietnamesisch gerade einmal zwei Kaffee mit Milch und Eis bestellen und mich nachher dafür bedanken. Aber allein diese wenigen Worte in der fremden Sprache haben mir im Laufe der Zeit schon mehr Türen geöffnet als mein ganzes noch so perfektes Englisch.

Wer von uns schätzt es nicht, wenn ein Gast sich die Mühe macht, zumindest einige Worte unserer Sprache zu lernen?

Doch zurück zur Idee der »Seelensprache«. Eine Weltsprache ist schon von der Idee her meist nicht die Muttersprache des Sprechers. Vielleicht auch deshalb können wir uns gerade dann, wenn wir sie benutzen, auf einer persönlichen Ebene mehr entzweien, als uns eine geteilte Sprache zusammenbringen kann. Wer miteinander sprechen kann, der kann sich nämlich auch missverstehen.

Wie oft habe ich mich hingegen Menschen, mit denen ich mich ausschließlich mittels Zeichen und eines Lächelns verständigen konnte, näher gefühlt als jenen, mit denen ich politische Diskussionen auf höchster sprachlicher Ebene geführt habe!

In dem Moment, in dem wir mit einem Menschen keine gemeinsame Sprache haben, reduziert sich unsere Kommunikation auf das, was wirklich notwendig ist. Nun weiß ich, dass dieses Verwenden meiner Muttersprache bei vielen Menschen auf Skepsis stößt. Ist denn Englisch nicht ohnehin überall verbreitet? Abgesehen davon, dass ich oft in Gegenden unterwegs bin, in denen man noch nicht einmal von der Existenz dieser »Weltsprache« gehört hat, bestätigt sich zusätzlich meine Annahme immer wieder aufs Neue, dass man mit der eigenen Muttersprache schneller zum Herzen des Gegenübers vordringt.

Dabei ist es meiner Erfahrung nach diese beiderseitige Unbeholfenheit, diese unbedingte Notwendigkeit, sich mit etwas anderem zu verständigen als mit Worten, das, was uns einander so nahe bringt. Gerade in viel bereisten Gegenden lernen mittlerweile die meisten Einheimischen Englisch, zumal noch immer viele Reisende Gegenden meiden, in denen diese Sprache nicht verstanden wird. Dennoch fasziniert es mich, wie einfach und schnell die Kommunikation zwischen Menschen gelingen kann, gerade wenn sie keine gemeinsame Sprache haben. Anstatt mit langen Erklärungen nach dem Weg zu fragen, reicht es plötzlich, den Namen des Ortes zu erwähnen, an den man gelangen will, mit der Hand in eine Richtung zu deuten und begleitet von einem Lächeln fragend dreinzuschauen. Nickt der Gefragte, geht man in die angenommene Richtung weiter, schüttelt er den Kopf, kehrt man um in die Gegenrichtung. Wir alle sind bereit, Menschen zu helfen, gerade wenn wir uns mit ihnen nur rudimentär verständigen können.
Natürlich sollten wir gerade als Reisende versuchen, so viel von der Sprache unserer Gastgeber zu lernen, wie es irgendwie möglich ist. Immer schon habe ich Sprache als einen Schlüssel gesehen, der uns hilft zu verstehen, wie andere Menschen denken. Erst wenn wir wissen, wie sich jemand in seiner Sprache ausdrückt, begreifen wir ein Stück mehr, was seine Werte sind und was ihm wichtig ist.
Wohl auch deshalb sind Sprachen insofern nicht zueinander kompatibel, als man nicht in jeder Sprache alles ausdrücken kann. So soll es im Amazonasgebiet Völker geben, die über zwanzig verschiedene Ausdrücke für unterschiedliche Grüntöne haben. Statt uns aber diesen

faszinierenden Erfahrungen zu öffnen, neigen wir wie auch im restlichen Leben oft dazu, uns mit jenen Menschen zu umgeben, die in der gleichen Sprache und damit auf die gleiche Art denken wie wir. Was aber können wir dann von einem anderen lernen, wenn wir nicht einmal versuchen, einen Zugang zu ihrer Denkweise zu erlangen?

Wer mein Buch »Lächeln ist die beste Antwort« kennt, der weiß, dass für mich ein Lächeln mehr ausdrückt als tausend Worte. Es bleibt aber immer noch eine der größten Freuden, die das Reisen uns bieten kann, in einer fremden Sprache zu radebrechen und mit ihrer Hilfe langsam zuerst in ein neues Denken einzutauchen und schließlich in eine neue Welt.

Warum gibt es Missverständnisse?

Bewegung

Manchmal haben gerade vermeintliche Kleinigkeiten die Kraft, unser Leben zu verändern. Immer wieder werde ich gefragt, wie es eigentlich gekommen ist, dass Asien mich so in seinen Bann geschlagen hat. Dann erzähle ich gerne, dass alles mit einer Münze begonnen hat, die ich als Jugendlicher von einer Freundin geschenkt bekommen habe. Das war noch in jener Zeit, als die Welt in einen Nahen und einen Fernen Osten unterteilt war und Länder wie Australien noch in schier unerreichbarer Ferne am anderen Ende dieser Erde lagen. Dorthin war eben diese Freundin Ende der Achtzigerjahre mit ihrer Mutter ausgewandert. Der Fünfte Kontinent war damals so weit weg, dass sogar Briefe aus Europa fast eine Woche dorthin unterwegs waren. Damals wurden derart entfernte Destinationen von Europa aus höchstens zwei oder drei Mal in der Woche angeflogen. Daher war bei der Anreise fast immer ein Zwischenaufenthalt notwendig, meistens in für mich so exotischen Städten wie Singapur oder Hongkong. Aus letztgenanntem Ort kam auch besagtes Geldstück, das eines Tages einem Brief beilag.

Nun wäre die Münze an sich noch gar nicht besonders gewesen, hätte ihr Rand nicht die gewellte Form einer kleinen Blüte gehabt. So etwas hatte ich bis dahin noch nie gesehen. Auch wenn es Jahre dauern sollte, bis ich selbst das erste Mal mit diesem Geld bezahlte, stand in diesem Moment mein Entschluss fest: Ich wollte auch

nach Hongkong und dort vor der berühmten Skyline stehen, die ich so oft auf Ansichtskarten und in Büchern bewundert hatte.
Vorher aber wollte ich erst einmal Australien bereisen. Einerseits, um besagte Freundin zu besuchen, andererseits, weil mir das Land bei allem Interesse für Asien wie ein Sehnsuchtsort aus einem anderen Universum erschien.
Bereits die Anreise war ein Abenteuer. Von Wien aus flog ich nach Athen, wo ich die Nacht damit verbrachte, von außen einen Blick auf die um diese Uhrzeit bereits geschlossene Akropolis zu erhaschen. Von dort ging es das erste Mal in einem Riesenflieger weiter nach Singapur, wo wir mitten in der Nacht landeten. Bis heute habe ich das Bild im Kopf, wie wir langsam auf das Flughafengebäude zurollten. Förmlich aus dem Nichts tauchte auf einmal ein leuchtend grüner Schriftzug auf: »Singapur Changi International Airport«. Nie werde ich vergessen, was mir damals durch den Kopf ging: »Jetzt bin ich wirklich weit weg.« Ein Eindruck, der sich bei dem siebenstündigen Aufenthalt im Flughafengebäude noch verstärken sollte. Alles war in mehreren Sprachen angeschrieben, die meisten Menschen hatten Schlitzaugen und schwarze Haare, und viele aßen tatsächlich mit Stäbchen!
Als wir Richtung Melbourne abhoben, war meine langjährige Neugier auf Asien noch größer geworden. Aus dem Flämmchen meines Interesses war ein Feuer geworden, das auf dem Rückflug nach Europa so richtig Flammen schlagen sollte. Obwohl wir durch die nächtliche Dunkelheit flogen, konnte ich nicht schlafen. Zu aufregend war das gewesen, was ich in den letzten Monaten

erlebt hatte, und ich war traurig, dass die Reise nun bald ein Ende finden würde.
Von meinem Fensterplatz aus beobachtete ich die spärlich erleuchtete Gegend unter uns. Wo mochten wir wohl gerade sein? Ich hatte die Frage noch nicht zu Ende gedacht, als sich der Kapitän aus dem Cockpit meldete. Er gab uns ein paar kurze Informationen über Flugroute und Wetter und sagte dann: »Auf der rechten Seite sehen Sie die Lichter der Stadt Kuala Lumpur.« Ich zuckte zusammen. Kuala Lumpur. Die Hauptstadt von Malaysia. Schon der Name klang so exotisch, dass ich auf einmal das Gefühl hatte, noch viel weiter weg zu sein, als ich es vor wenigen Stunden in Australien gewesen war. Versonnen schaute ich von oben auf die wenigen beleuchteten Straßen und versuchte, mir vorzustellen, wie es da unten wohl bei Tag aussehen mochte. In diesem Augenblick entschied ich, dass ich so bald wie möglich nach Asien zurückkehren würde. Ich wollte nach Hongkong reisen, Singapur besuchen, durch Kuala Lumpur spazieren und nach Möglichkeit auch alles andere sehen, was es sonst noch zu entdecken gab.
Manchmal denke ich dankbar daran, wie sehr diese kleine Münze und ein mir unbekannter Flugkapitän mein Leben verändert haben. Hätte ich ohne diese beiden Kleinigkeiten wirklich die Motivation gefunden, wieder und wieder aufzubrechen?
Auch wir, die wir das Reisen an sich schon lieben, brauchen oft einen Grund, einen Ort auch tatsächlich zu besuchen. Sehnsucht als innere Motivation, um uns in Bewegung zu setzen. Unsere Trägheit zu überwinden, die Reisetasche zu packen und uns auf den Weg zu jenen Orten zu machen, von denen wir schon so lange geträumt haben.

Wie sehr diese Motivation aber auch von außen kommen kann, habe ich einmal bei einer Reise durch Südindien erlebt. Unser Plan war es, den Subkontinent von Mumbai im Westen bis nach Chennai im Osten mit öffentlichen Verkehrsmitteln zu durchqueren.
Nun besteht bei einem solchen Unterfangen in den meisten Ländern mangels online verfügbarer Fahrpläne die größte Herausforderung darin, zum richtigen Zeitpunkt zum Bahnhof zu gelangen, um dort möglichst nicht Stunden mit Warten auf die Abfahrt zu verbringen. Besonders schwierig wird das dort, wo man unterwegs auch noch umsteigen muss. Dann kann es nämlich passieren, dass der eine Bus zu Mittag ankommt und der nächste erst am Abend weiterfährt.
Um nicht kostbare Zeit mit Herumsitzen zu verschwenden, beschließt der erfahrene Reisende in so einem Fall, die Sache bewusst langsam anzugehen und einmal eine Nacht in einem jener Hotels zu verbringen, die es in fast jeder asiatischen Stadt direkt neben dem Bahnhof gibt. Zum Weiterfahren ist schließlich auch am nächsten Tag noch Zeit, und so gewinnt man einen Tag für die Besichtigung einer vollkommen unbekannten Stadt.
Das Ganze hat aber einen Haken. Ist nämlich der Reiz des Neuen beim Busfahren einmal vorbei, tendiert man dazu, es wo immer möglich zu vermeiden. Gerade in Südindien ist eine Busfahrt ohnehin alles andere als eine bequeme Sache. Dort haben die Busse nämlich die magische Eigenschaft, niemals zu voll zu sein. Das beginnt damit, dass im Gegensatz zu den europäischen Modellen indische Autobusse bei gleicher Breite meist fünf statt nur vier Sitzplätze in einer Reihe haben, auf denen entspannt bis zu sieben Personen Platz nehmen können. Sollte

wider Erwarten der Passagierraum einmal tatsächlich keine weiteren Fahrgäste mehr aufnehmen können, passen mindestens weitere zehn Personen in die Fahrerkabine, wo dann einige mit dem Rücken zur Windschutzscheibe sitzen.
Statt wie geplant am nächsten Abend weiterzufahren, bleibt der bequem gewordene Reisende daher zuerst eine, dann eine zweite und schließlich noch eine dritte Nacht in aller Ruhe in einer Stadt, in der eigentlich nur ein kurzer Zwischenhalt geplant war. Dies tut er aber nicht, weil es dort so schön wäre, sondern weil er es sich in seinem kleinen Zimmer viel zu gemütlich eingerichtet hat, um wieder aufzubrechen. Dieses Verhalten führt bei einem beschränkten Zeitbudget zwangsläufig dazu, dass man dann den letzten Teil der Strecke in ziemlicher Hektik hinter sich bringt.
Doch bei dieser Reise liefen die Dinge zu unserem Erstaunen ganz anders ab. Wie geplant verließen wir Mumbai mit einem Taxi, da die Fahrt zum Bahnhof genauso lange gedauert hätte wie jene zu unserem nächsten Zielort. Dort begaben wir uns am nächsten Morgen zum Busbahnhof. Als wir uns am Ticketschalter nach Abfahrtszeit und Fahrkarten erkundigten, mahnte uns der Mitarbeiter zur Eile. Der Bus zum nächsten Zwischenhalt werde in wenigen Minuten abfahren, und wir sollten, um Zeit zu sparen, die Fahrt möglichst direkt beim Fahrer bezahlen. Sofort hasteten wir los.
Die eigentliche Überraschung erwartete uns bei der Ankunft am Umsteigebahnhof. Während der Fahrt hatten wir uns gefragt, ob wir wohl überhaupt am selben Tag noch weiter kämen, und vorsorglich beschlossen, zuerst ein Getränk zu kaufen, um dann in Ruhe nach dem

nächsten Bus zu fragen. Kaum aber hatten wir das Fahrzeug verlassen, stürmten auch schon einige Menschen auf uns zu, die offensichtlich bereits wussten, wohin wir unterwegs waren. Wir sollten ihnen folgen, der Anschlussbus warte bereits mit laufendem Motor. Keine zwei Minuten später, wir saßen gerade keuchend auf unseren Plätzen, ging es auch schon wieder weiter. Ein Ritual, das sich in den nächsten Tagen und Wochen wiederholen sollte. Wir waren noch gar nicht richtig am Busbahnhof angekommen, da wurden wir gefragt, wohin die Reise gehen sollte, und schon fuhr der Bus los. Schließlich machten wir es uns zur Gewohnheit, zuerst Essen und Getränke zu besorgen und alle anderen Dinge zu erledigen, bevor wir überhaupt mit jemandem über unser Reiseziel sprachen.

Das eigentlich Interessante war dabei für mich nicht nur die Effizienz, mit der wir unterwegs waren. Besonders beeindruckend fand ich die Tatsache, wie bereitwillig andere Menschen uns dabei unterstützten, ans Ziel zu gelangen, sobald wir es ihnen genannt hatten. Das ging so weit, dass sie sogar dafür sorgten, dass wir möglichst schnell weiterkamen. Zudem erkannte ich, wie wichtig es ist, ständig in Bewegung zu bleiben, wenn man ein Ziel vor Augen hat. Denn es gibt für einen Reisenden unterwegs unzählige Versuchungen, es sich an einem Ort bequem zu machen und den Dingen ihren Lauf zu lassen, statt erneut aufzubrechen zum nächsten überfüllten Busbahnhof oder in das nächste, kahle Hotel.

Genau genommen beginnen diese Versuchungen bereits am Flughafen bei der Abreise. Sobald wir dort nämlich ankommen, wird uns jede Entscheidung abgenommen, und es besteht keinerlei Notwendigkeit mehr, selbst zu denken. Alle Abläufe sind exakt vorgegeben. Check-in, Passkontrolle, Boarding, Mahlzeiten an Bord oder der Transfer nach der Landung. Ständig ist jemand da, der uns sagt, was wir tun sollen, und der auch gleich überwacht, dass wir es alles richtig machen. Bis wir plötzlich allein in der Fremde vor einem Flughafengebäude stehen und sich eine ganze Welt an Möglichkeiten auftut.

Nicht nur einmal habe ich für einen kurzen Moment die Menschen beneidet, die dort in die wartenden Touristenbusse eingestiegen sind. Ich gebe gerne zu, dass ich mir nach zwanzig und oft mehr Stunden Unterwegssein manchmal gewünscht hätte, mich nicht noch mitten in der Nacht selbstständig darum kümmern zu müssen, wie ich zu einem Hotel komme. Doch meist bin ich schon wenige Sekunden später wieder dafür dankbar, dass ich selbst und nicht jemand anders darüber bestimmt, wie meine Reise weitergeht.

So angenehm es vordergründig auch scheinen mag, anderen Menschen das Denken zu überlassen, ist der Preis, den wir für diese Bequemlichkeit zahlen, unverhältnismäßig hoch. Am Ende erlauben wir diesen anderen nämlich, unser ganzes Leben zu kontrollieren.

Es spricht nichts dagegen, es einmal ruhiger anzugehen und unseren Mitmenschen das Kommando zu überlassen. Doch wir sollten uns immer bewusst sein, wann wir Gefahr laufen, die Initiative und damit die Kontrolle über unseren weiteren Weg abzugeben. Unsere Träume können nur wir selbst verwirklichen. Gerade deshalb dürfen wir dort, wo uns die Sehnsucht treibt, nicht andere darüber entscheiden lassen, wie unser Weg weitergeht.

Nicht einmal dort, wo wir nicht als Reisende in der Welt unterwegs sind.

Was bringt dich weiter?

٢١

Gelegenheiten

Beobachtet man Menschen, wie sie ihren Urlaub gestalten, so kann man sie meiner Erfahrung nach in zwei Lager einteilen. Zum einen gibt es diejenigen, die ich gerne als »Strandurlauber« bezeichne. Sie nehmen das Wort Freizeit wörtlich und entscheiden sich ganz bewusst dafür, zwei Wochen nichts zu tun, außer ihre Batterien aufzuladen. Das mag eine durchaus wunderbare Möglichkeit sein, die freien Tage zu verbringen, doch man muss das auch mögen. Ich habe mich schon als Kind spätestens nach einer halben Stunde gelangweilt, wenn ich irgendwo ruhig liegen oder sitzen sollte. Daher kann und möchte ich diese Variante nicht weiter kommentieren. Ohnehin begegnen mir an den Orten, an denen ich unterwegs bin, meist Vertreter der zweiten Gruppe. Diese zeichnen sich vor allem dadurch aus, dass sie auf einer Reise versuchen, das Gleiche zu tun wie zu Hause auch. Ich meine damit, dass sie bereits vor der Abfahrt ihre Agenda derart vollpacken, dass selbst eine Reihe von Achtundvierzig-Stunden-Tagen nicht reichen würde, um das vorgesehene Programm auch nur zur Hälfte zu absolvieren.

Gezielt zu verreisen sollte aber nicht bedeuten, den Stress des Alltags mitzunehmen. Wer so handelt, verpasst nämlich am Ende das, was den wahren Zauber des Unterwegsseins ausmacht. Gerade auf einer Reise können und sollen wir uns treiben lassen. Wir haben keine Verpflichtungen, keine Termine, und es gibt niemanden,

der uns vorschreibt, wann wir am Abend im Hotel sein müssen.
Deshalb ist Reisen für mich so eng mit dem Gefühl einer unendlichen Freiheit verbunden. Ich muss nichts, aber ich kann alles tun.
Bis heute reise ich auf eine Art, die ebendiese Freiheit feiert. Langsam und ohne festen Plan unterwegs, bin ich immer bereit, spontan auf jede Gelegenheit zu reagieren.
Einmal hatte ich mir vorgenommen, von Bangkok aus in den Süden Thailands zu fahren. Just an diesem Tag kam ich beim Frühstück mit einem anderen Reisenden ins Gespräch. Wir erzählten uns gegenseitig unsere Pläne, und plötzlich erschien mir das Vorhaben meines Gegenübers viel interessanter als mein eigenes Ziel. Es dauerte keine fünf Minuten, und die Entscheidung stand fest. Ich würde meine neue Bekanntschaft für einige Tage in den damals noch unerschlossenen Norden des Landes begleiten. Es wurde ein Ausflug in eine andere Welt. Zum ersten Mal in meinem Leben wanderte ich durch echten Dschungel, bis wir die versteckten Bergdörfer erreichten. In dieser gebirgigen Gegend lebten die Menschen fernab jeder Zivilisation wie seit Jahrhunderten vom Opiumanbau. Bis heute sehe ich die wettergegerbten Gesichter der älteren Frauen vor mir, die sich trotz ihres harten Lebens über unsere Anwesenheit zu freuen schienen. Wie viele von ihnen mochten zum ersten Mal einen Nicht-Asiaten gesehen haben? Aus der ursprünglich geplanten Woche wurde am Ende ein Monat, und die beiläufige Reisebekanntschaft wurde zu einem Freund, mit dem ich mich noch Jahre später getroffen habe.
Nicht nur damals habe ich festgestellt, dass wirklich beeindruckende Erlebnisse nicht planbar sind. Wohl auch

deshalb bevorzuge ich es bis heute, bei meinen Reisen mit maximaler Freiheit unterwegs zu sein. Meine Pläne beschränken sich dabei auf den Ort, an dem die Reise beginnt, und auf jenen, vom dem ich wieder abreise. Alles dazwischen lasse ich offen. Nur so kann ich mich zwischen diesen beiden Punkten wirklich treiben lassen.
Wie könnte ich aber auch bereits im Vorhinein wissen, wie lange ich an einem Ort bleiben möchte? Ich will mich doch von Einheimischen nach Hause einladen lassen, im Schatten eines Baumes sitzen und die vorbeiziehenden Menschen beobachten oder über das Meer schauen und mir überlegen, welches Land am anderen Ende liegen mag. Das alles möchte ich tun können, ohne einen Gedanken daran zu verschwenden, ob ich die Zeit dazu habe. Es ist jene Herangehensweise, an die ich mich im Laufe der Reisen so sehr gewöhnt habe, dass ich mir keine andere mehr vorstellen kann.
Denn wie oft habe ich mir in den Jahren vorgenommen, am folgenden Tag weiterzufahren, nur um dann in der Früh festzustellen, dass ich überhaupt keine Lust auf eine Busfahrt hatte. Schnell wurde aus diesem »dann bleibe ich eben noch einen Tag« eine Verlängerung um eine Woche oder sogar mehr.
Man kann das Leben nicht planen, und meiner Meinung nach muss man das auch nicht. Um wie viel mehr gilt das aber für das Reisen, wo wir von so vielen uns unbekannten Faktoren abhängig sind!
Wer sich darauf einlässt, wird am Anfang vielleicht mehr unangenehme Tatsachen als großartige Chancen sehen. Ich erinnere mich noch gut an den Ärger, als mir einmal der einzige Zug vor der Nase davongefahren ist, mit dem ich an diesem Tag mein nächstes Ziel hätte erreichen kön-

nen. Bis ich verstanden habe, dass damit gleichzeitig die Freiheit verbunden war, einfach in einen anderen Zug einzusteigen und zu schauen, wohin dieser mich bringt.
Warum verspüren so viele Menschen diesen inneren Zwang, ihr Leben bis in die letzte Sekunde durchzuplanen? Was veranlasst sie dazu, sich nicht einmal beim Reisen so etwas wie Freiheit zu gönnen? Ich glaube, es ist einfach unsere Gier, die uns unbewusst so handeln lässt. Das unersättliche Streben, aus jedem Augenblick so viel herauszupressen, wie es nur geht. Oder ist es die maßlose Angst, etwas zu versäumen?
Einmal an einem Ort angekommen, wollen wir möglichst viel sehen. Schlafen, so bekomme ich oft zu hören, könne man doch auch zu Hause. Eine durchaus logische Argumentation, die allerdings etwas sehr Wesentliches übersieht. Wer eine Tour bis in die letzte Sekunde verplant, opfert damit jede Spontanität. Doch gerade die wirklich unvergesslichen Dinge erlebt man meist dort, wo man sie am wenigsten erwartet.
Vor einigen Jahren stieß ich während eines Aufenthalts in China auf die Fotos einer wunderbaren Steppenlandschaft. Ich begann zu recherchieren. Die im Gebiet der Inneren Mongolei gelegenen »Grasslands« zählten zu jenen Attraktionen, die von der Regierung mit fünf Sternen bewertet wurde. Neben einer unberührten Landschaft erwarteten den Besucher laut Beschreibung authentisches Essen, Reitvorführungen und die Möglichkeit, direkt vor Ort in zeltähnlichen Unterkünften zu schlafen. Natürlich erwartete ich keine original mongolischen Reiter, sondern wusste durchaus, worauf ich mich einließ. Was mich viel mehr reizte, war ohnehin die Möglichkeit zu sehen, wie Chinesen ihren Urlaub verbringen. Also fuhr ich mit einem Linienbus

in einen kleinen Ort, der etwa dreißig Kilometer von dem Gelände der Reiterspiele entfernt war. Von dort aus kam ich zu meinem Erstaunen nur noch mit einem Taxi weiter. Wie konnte ein so offensichtlich touristisch wichtiger Ort nicht mit öffentlichen Verkehrsmitteln erreichbar sein? Ich fand für mich eine Erklärung und verdrängte meine Zweifel. Der Fahrer ließ mich wenige Meter vor einem riesigen Tor aussteigen und fragte mich, ob er auf mich warten solle. Da ich nicht wusste, wie lange ich bleiben würde, lehnte ich ab, zumal ich davon ausging, dass bei einem derartig bedeutenden Highlight zumindest eine Transportmöglichkeit für die Rückfahrt zu finden wäre.

Erfreut stellte ich fest, dass nur wenige Autos auf dem Parkplatz standen. Bestimmt war dies ein Zeichen dafür, dass die Anlage nicht überlaufen war. Ich lächelte dem Taxi hinterher und machte mich auf die Suche nach dem Eingang. Die böse Überraschung erwartete mich kurz darauf. Statt in einer touristischen Ferienanlage stand ich auf einer riesigen Baustelle. Entgegen meiner Annahme gehörten die Autos auf dem Parkplatz nämlich nicht Besuchern, sondern vielmehr den Arbeitern, die das Gelände gerade renovierten.

Obwohl niemand etwas dagegen hatte, dass ich mich dort umsah, war mein Rundgang nach zehn Minuten wieder zu Ende. Hoffnungsvoll eilte ich zurück zum Tor, um enttäuscht festzustellen, dass das Taxi, mit dem ich gekommen war, längst über alle Berge war. Die Sonne brannte vom Himmel, und ich hatte in der Annahme, vor Ort ein Getränk kaufen zu können, nicht einmal Wasser bei mir.

Offensichtlich hatte ich ein Problem. Verzagt setzte ich mich auf einen Stein. Im schlimmsten Fall würde mich sicher einer der Arbeiter in den Ort mitnehmen, aber was sollte ich bis zum Abend tun? In diesem Moment rollte ein Auto auf den Parkplatz und kam direkt auf mich zu. Der Fahrer fragte mich, wohin ich wolle. Als er mir einen exorbitant hohen Preis für die Fahrt nannte, zerschlug sich meine Hoffnung sofort wieder. Selbst wenn ich wusste, dass ich in der Falle saß, war ich nicht bereit, den fünffachen Taxipreis zu bezahlen. Der Wagen verließ den Parkplatz gerade ohne mich, als sich mir eine junge Chinesin näherte. Wie viel der Mann denn verlangt habe? Als ich ihr den Betrag nannte, lächelte sie verlegen und entschuldigte sich. Ihr Mann werde in drei Stunden in die Stadt fahren und mich für den gleichen Preis mitnehmen, den ich auch für das Taxi auf der Hinfahrt bezahlt hatte. Bis dahin sei ich herzlich eingeladen, zu ihnen nach Hause zum Essen zu kommen.

Obwohl es mich eine gewisse Mühe kostete, den starken Dialekt der beiden zu verstehen, hatte ich eine unglaublich gute Zeit. Der Mann erzählte mir, dass er als Polizist in dem kleinen Ort arbeitete. Als Beweis zeigte er mir voller Stolz seine Dienstmarke und steckte sie erst wieder ein, nachdem ich sie ausgiebig bewundert hatte. In der Zwischenzeit kochte seine Frau eine Suppe. Währenddessen kam sie mehrmals zum Tisch, um mich zu fragen, ob sie eine bestimmte Zutat dazu tun könne, deren Namen ich beim besten Willen nicht verstand. Da ich nicht unhöflich sein wollte, nickte ich bei jeder der mehrfachen Nachfragen zustimmend. Als sie schließlich freudestrahlend das Essen brachte, verstand ich, warum sie so oft gefragt hatte. Allein der Geruch des Essens nahm mir den Atem. Nachdem ich mich mehrfach versichert hatte, dass die Suppe zumindest kein Fleisch enthielt, würgte ich sie mit einem Lächeln hinunter. Abschließend sangen wir noch gemeinsam die Hymnen unserer beiden Heimatländer (etwas, worin ich nach zahlreichen China-Aufenthalten inzwischen geübt bin) und brachen pünktlich nach drei Stunden auf.

Obwohl er dadurch mindestens eine Stunde zu spät zum Dienst kam, ließ mein Gastgeber es sich nicht nehmen, noch extra einen Umweg zu fahren. In aller Ruhe besuchten wir noch ein kleines Kloster, das einsam mitten in der Wüste lag. Am Ende war der Tag vollkommen anders verlaufen, als ich es ursprünglich geplant hatte. Doch nicht zuletzt deshalb ist er mir bis heute im Gedächtnis geblieben.

Es gehört zum Reisen, dass wir zu akzeptieren lernen, nicht immer alles haben zu können. Doch manchmal bekommt man gerade dort, wo einem vermeintlich ein Wunsch verwehrt wird, überraschend etwas viel Schöneres. Etwas, das sich am Ende als viel mehr entpuppt als alles, das man sich jemals erträumt hätte.

Bist du bereit,
die Gelegenheiten auch zu sehen?

٢٢

Freundschaft

Begeben wir uns auf eine Reise, die länger als nur wenige Tage dauert, stellt sich oft die Frage, ob wir das besser mit oder ohne Begleitung tun. Ich selbst bin lange Zeit allein gereist, was durchaus seine Vorteile hatte. Ich musste auf niemanden Rücksicht nehmen, außer auf mich selbst. Morgens konnte ich aufstehen, wann ich wollte, abends schlafen gehen, wenn ich müde war, und auch sonst konnte ich völlig ungebunden mein eigenes Programm gestalten. Bei aller Freiheit vermisste ich aber ab und an das Gefühl, meine Erlebnisse mit jemandem teilen zu können, der bei meinen Abenteuern dabei war. Es ist nämlich eine Sache, anderen Menschen von Erlebnissen zu erzählen, die nicht einmal wissen, über welche Region der Erde man genau spricht, oder aber gemeinsam mit jemandem in Erinnerungen zu schwelgen.

Natürlich kann man mit einem guten Reisepartner viel mehr teilen als nur Erinnerungen. Damit meine ich jetzt aber nicht den Frust, wenn wieder einmal ein Zug nicht kommt oder man vor der geschlossenen Tür des einzigen Restaurants am Ort steht. Ganz im Gegenteil sollte man diesen besser für sich behalten, da er sich sonst verdoppelt und man in der Folge beginnt, sich gegenseitig Vorwürfe zu machen und einander hinunterzuziehen. Auch wenn man Herausforderungen schon deshalb gemeinsam meistert, weil einem nichts anderes übrig bleibt, sollte man vor allem die schönen Momente miteinander teilen.

Wer jemals um drei Uhr früh aufgestanden ist, um nach

einem anstrengenden Aufstieg durch die stockdunkle Nacht die Sonne über dem Himalaja aufgehen zu sehen, der weiß, was ich meine. Zitternd vor Kälte und Aufregung wartet man nervös auf die ersten Sonnenstrahlen. Man lacht sich in ungläubigem Erstaunen an, wenn die Spitzen der mächtigen Berge zuerst in ein zartes Rosa und dann in ein kräftiges Rot getaucht werden. Gemeinsam starrt man gebannt auf die mächtigen Felsmassive, philosophiert beeindruckt darüber, dass man die meisten der teilweise über achttausend Meter hohen Gipfel wohl niemals erreichen wird.

Augenblicke wie diese kann man niemandem erzählen. Man muss sie gemeinsam erleben.

Doch auch ganz banale Dinge werden allein dadurch in Erlebnisse verwandelt, dass man sich gegenseitig auf immer bizarrere Details aufmerksam macht. Noch Jahre später kann man sich so darüber unterhalten. »Erinnerst du dich noch an diese chinesische Zahnarztpraxis?« – »Du meinst die eine, die direkt in der offenen Garage war, wo man von der Straße aus dem Patienten auf dem Behandlungsstuhl in den Mund schauen konnte? Die war cool.« – »Ja, genau die. Der Arzt hatte sein Motorrad direkt neben den Patienten geparkt.«

Wie wollen wir solche Erlebnisse beschreiben, wenn den Zuhörern nicht nur der Ort, sondern auch die Kultur fremd ist, von der wir schwärmen? Wie beschreibt man die erstaunlichen Unterschiede? Und wo soll man überhaupt mit dem Erzählen beginnen?

Trotz allem muss ein Reisepartner nicht zwingend jemand sein, mit dem man auch sonst durchs Leben geht. Immer wieder habe ich auf meinen Reisen Freundschaften geschlossen, bei denen mir von vornherein klar war, dass sie ein Ablaufdatum hatten. Nicht, weil ich vorhatte, mich mit der betreffenden Person zu zerstreiten, und auch nicht, weil ich es jemals am Ende getan hätte. Doch Reisegefährten sind oft Zufallspartner.

Dabei ist es meiner Meinung nach trotz allem so, dass wir nicht nur auf Reisen immer auf jene Menschen treffen, die wir in der aktuellen Situation gerade brauchen.

Gemeinsam ist uns mit diesen zufälligen Reisepartnern zumeist das Ziel. Man lernt sich etwa beim Frühstück kennen, stellt fest, dass man einander sympathisch ist und dass man dieselben Regionen bereisen will. Die Frage »Ist es okay für dich, wenn ich mitkomme?« wird zum Beginn einer manchmal Wochen dauernden Partnerschaft.

Trotzdem ist von vornherein klar, dass diese Gemeinschaft nur auf Zeit ist. Zu den vielen Dingen, die mich das Reisen gelehrt hat, gehört auch die Fähigkeit, Menschen wieder gehen zu lassen, wenn der Zeitpunkt gekommen ist. Es ist diese Bereitschaft, zu akzeptieren, dass wir mit vielen Menschen nur unter genau jenen Umständen zusammenpassen, unter denen wir uns getroffen haben, während wir uns unter anderen Bedingungen vielleicht sogar miteinander langweilen würden.

Wenn einem jemand, den man zwei Wochen lang in denselben drei T-Shirts und der einzigen Hose gesehen hat, plötzlich mit Anzug und Krawatte gegenübersteht, kann das sehr ernüchternd sein.

Hatte ich anfangs noch bereitwillig Daten ausgetauscht, in der tatsächlichen Absicht, mit meinem temporären Reisepartner über die gemeinsame Zeit hinaus in Kontakt zu bleiben, verzichte ich mittlerweile ganz bewusst darauf. Denn bis heute denke ich an einen meiner ersten großen Lehrer zurück, von dem ich mehr über das Reisen gelernt habe als von jedem anderen nach ihm. Joseph, von dem ich nicht einmal mehr seinen Nachnamen weiß, war ein kanadischer Lehrer, der mit zwei Hunden abgeschieden irgendwo in den Rocky Mountains lebte. Alle fünf Jahre, so erzählte er mir, als wir uns vor mehr als dreißig Jahren in der Türkei kennenlernten, nahm er sich ein Jahr Auszeit, um eine andere Region der Welt zu bereisen. Nur so könne er seinen Schülern das wirkliche Leben nahebringen.

Als es für uns Zeit wurde, wieder getrennte Wege zu gehen, lehnte er es ab, in brieflichem Kontakt zu bleiben. Was sollten wir uns schon groß schreiben? Er habe mir sein ganzes Wissen vermittelt, und das, was mich für immer mit ihm verbinden werde, seien die Erinnerungen an unsere gemeinsame Zeit.

Trotzdem habe ich mir oft gewünscht, diesem Mann, der heute in seinen Achtzigern sein muss, noch einmal zu begegnen. Dann könnte ich ihn zumindest wissen lassen, dass ich seinem Rat gefolgt bin, das Leben nicht ganz so ernst zu nehmen und es vielmehr einfach zu leben, wo immer ich kann.

Sind wir einmal mit einem Partner unterwegs, verliert die Frage, wie lange diese gemeinsame Zeit dauern wird, ohnehin jede Bedeutung. Von diesem Moment an werden wir nämlich fast alles miteinander teilen. Dazu gehören durchwachte Nächte ebenso wie ein knurrender Magen, aber auch Begegnungen mit Menschen, die man nie wieder vergisst.

Nur zwei Dinge kann man mit niemandem teilen: Verantwortung und Konsequenzen. So sind meine Partnerin und ich nicht nur einmal tagelang an Orten geblieben, an denen wir eigentlich nur schlafen wollten, weil sie so langweilig waren. Wenn aber einer von uns beiden sich in der Früh nicht in der Lage fühlte, weiterzufahren, nutzte es nichts. Der Aufenthalt verlängerte sich ganz automatisch auch für den Mitreisenden. Für mich sind das aber jene Augenblicke, in denen man sein Gegenüber wirklich kennenlernt. In denen man vielleicht zum ersten Mal feststellt, wie fürsorgend und aufmerksam jemand sein kann, dem man das vielleicht sonst nie zugetraut hätte. Verbringt man miteinander unter herausfordernden Bedingungen Zeit, fallen zwangsläufig die Masken, und es kommt der Augenblick, an dem wir uns nicht mehr verstellen können. Gerade das kann aber der Beginn der wahren Freundschaft sein.

Reisen kann auf die Dauer mehr an die Substanz gehen, als viele es sich vorstellen können. Umso schöner ist es, wenn man dort, wo man selbst schwach ist, einen Partner an seiner Seite hat, dem man blind vertrauen kann.

Wer jemals mit mir unterwegs war, der weiß, dass es niemals das Ziel ist, einander zu beweisen, wie gut oder stark man ist. Vielmehr geht es einzig darum, gemeinsam mit tollen Erlebnissen das Ziel zu erreichen.

Trotzdem höre ich häufig die Frage, wie das eigentlich sei, wenn man einmal genug voneinander habe und so etwas wie eine kurze Auszeit brauche. Sobald ich in weiblicher Begleitung durch Asien fahre, ist die Antwort für mich ganz einfach: Solche Freiräume gibt es nicht – außer vielleicht dort, wo man die wirklich privaten Dinge erledigt. Alles andere bedeutet, miteinander zu sein und sich gegenseitig Sicherheit zu bieten.

Auf diese Aussage reagieren viele Menschen mit einem mir nicht verständlichen Respekt und der Frage, wie ich das nur aushalte. Wer so fühlt, dem möchte ich raten, seine Einstellung noch einmal zu überdenken. Gerade beim Reisen ist die Idee der gemeinsamen Zeit nämlich kein notwendiges Übel, sondern der mitunter wichtigste Grund, warum wir überhaupt miteinander aufbrechen. Umso wichtiger erscheint mir aber, dass wir uns vorher darüber klar werden, ob wir mit demjenigen, mit dem wir uns auf den Weg machen, auch auf einer Wellenlänge sind. Menschen ändern sich nicht. Sie werden nicht rücksichtsvoller, nicht belesener und auch nicht interessanter, nur weil wir mit ihnen unterwegs sind. Wer meint, er verstehe sich zwar mit dem anderen zu Hause nicht, aber das werde sich unterwegs schon geben, der sitzt möglicherweise einem fatalen Irrtum auf. Nichts bringt den wahren Charakter einer Person mehr ans Licht als das auf Reisen wahrscheinliche Gefühl von Hunger, Übermüdung und Stress. Freundschaften, so habe ich einmal gelesen, können beim Reisen tiefer werden. Aber sie können auch zerbrechen.

In all den Jahren habe ich die Überzeugung gewonnen, dass es sich immer lohnt, aufzubrechen, egal ob alleine oder zu zweit. Wer unterwegs ist, findet oft gerade dort Freunde, wo er am wenigsten damit gerechnet hat. Nicht unbedingt fürs Leben, aber dafür umso intensiver für jene besonderen Momente, die er mit dem anderen teilt.

Das gilt für jede Art der Reise. Für jene in ferne Länder genauso wie für unseren Weg durch das Leben. Auch dort aber müssen wir manche Menschen eines Tages zurücklassen, weil sie uns dorthin, wohin wir gelangen wollen, nicht mehr folgen können oder wollen.

Wer aufbricht, um seinen Traum von einem unangepassten Leben Wirklichkeit werden zu lassen, wird erleben, dass sich selbst langjährige Gefährten eines Tages abwenden. Dann kann man aber nur dankbar auf den gemeinsamen Weg zurückblicken und den anderen ziehen lassen, ohne dabei das eigene Ziel aus den Augen zu verlieren. Denn wie Konfuzius einmal so schön gesagt hat, ist, von denen einen Rat zu holen, die nicht den gleichen Weg gehen, ohnehin nutzlos.

Wen fragst du um Rat?

٢٣

Demut

Eines Tages betrat ich in China einen kleinen Tempel. Wie an den meisten dieser Orte war es in seinem Inneren fast vollständig dunkel. Nur die überlebensgroßen Darstellungen des mächtigen Jadekaisers und seiner Generäle, die in China allesamt als Gottheiten verehrt werden, wurden von ein paar kleinen, unruhig flackernden Kerzen erhellt. Der Qualm der Räucherstäbchen, die in riesigen Spiralen von der Decke hingen, nahm mir fast den Atem. Doch obwohl die Stimmung gespenstisch war, genoss ich die Stille, die mir eine kleine Pause von dem hektischen Leben auf der Straße ermöglichte. Ich ließ den Blick schweifen und stellte fest, dass außer mir nur eine ältere Dame anwesend war. Sie kniete mit gesenktem Kopf vor der Figur eines mir nicht bekannten Gottes, der mit finsterer Miene auf sie herabblickte. In den gefalteten Händen hielt sie vier qualmende Stäbchen, die sie langsam auf- und abbewegte, als wolle sie die Statue gnädig stimmen. Dazu schien sie ständig so etwas wie ein Gebet oder eine Bitte zu murmeln.

Während ich sie aus der Ferne beobachtete, überlegte ich mir, was ihr wohl durch den Kopf ging. Wen sah sie gerade vor sich? War ihr bewusst, dass sie eine von einem Menschen geschaffene Figur anbetete, oder glaubte sie, tatsächlich eine Gottheit vor sich zu haben? Warum aber, so fragte ich mich plötzlich, war es denn überhaupt wichtig, wem die Hingabe dieses Menschen galt? Wer war ich, dass ich mir anmaßte, darüber zu urteilen, was jemand anders tat? Musste ich nicht vielmehr dafür dankbar sein, dass diese Frau mich so bereitwillig an ihrem Ritual teilhaben ließ?

Auf Reisen geht es nicht darum, alles zu verstehen, was uns begegnet. Wir müssen weder etwas gutheißen noch in anderer Weise beurteilen, sondern sollten einfach akzeptieren, dass die Dinge so sind, wie sie sind. Besonders in Asien zwingt uns niemand etwas auf oder hält uns an einem Ort, an dem es uns nicht gefällt. Sollten wir Reisenden deshalb nicht besonders dankbar sein, diese uns unbekannte Welt überhaupt betreten zu dürfen? Augenblicke wie der oben beschriebene sind es, die mich nach all den Jahren immer wieder aufs Neue aufbrechen lassen. Doch bis heute zeigt mir meine Reaktion in manchen Momenten, wie weit ich davon entfernt bin, das Wesen vieler Dinge tatsächlich zu verstehen.

So war ich eines Tages in einer der vielen heiligen Städte Indiens, deren Namen ich nicht mehr weiß. Es war bereits Abend, und ich bummelte noch durch den Ort, als ich in der Ferne den rhythmischen Klang von Trommeln hörte. Ich folgte dem Geräusch und sah kurz darauf eine Gruppe von Menschen, die rund um ein Feuer tanzten. Dem Anschein nach vollführten sie eine religiöse Zeremonie. Verstohlen beobachtete ich sie im Schutz der Dunkelheit. Doch bereits nach wenigen Augenblicken musste einer der Männer meine Anwesenheit bemerkt haben, denn er winkte mich herbei. Verlegen stellte ich mich an den Rand und versuchte, zumindest so etwas wie eine Schrittfolge zu erkennen, um mich nicht vollständig zu blamieren. Fragend schaute ich in die Runde. Vielleicht würde mir ja einer von ihnen erklären, was zu tun war! Doch die Männer waren wieder in ihren Tanz vertieft und nahmen keinerlei Notiz mehr von mir. Zögernd begann ich, mich zu bewegen. Ich spürte, wie die immer schneller werdenden Schläge der Trommeln begannen, mir zu Kopf zu steigen. War ich anfangs noch recht steif herumgesprungen, ließ ich mich mehr und mehr auf den Augenblick ein.

Es war dies der Zeitpunkt, an dem ich zum ersten Mal spürte, was wahre Demut bedeutet: eins zu werden mit dem gegenwärtigen Moment. Nicht zu denken, nicht zu werten, einfach mitzugehen, ohne zu fragen, wohin der Weg führt. Demut heißt, ein Teil dessen zu werden, an dem wir teilhaben dürfen, und dankbar das Privileg zu verstehen, dass uns so etwas überhaupt möglich ist. Demut meint nicht, zu versuchen, die anderen höflich zu imitieren, sondern vielmehr vollständig in dem aufzugehen, was in diesem Augenblick in unserem Leben geschieht.

Wer dazu nicht in der Lage ist, dem wird es immer wie jemandem ergehen, der versucht, mit einer Schwimmweste tauchen zu gehen. Er sieht zwar, was in der Tiefe unter ihm liegt. Aber der Auftrieb hält ihn an der Oberfläche und verhindert, dass er wirklich in das Geschehen eintauchen kann.

Wenn ich heute darüber nachdenke, dann ist das wahre Geschenk, das mir diese Menschen damals gemacht haben, nicht einmal dieser Tanz. Es war dieses unglaubliche Gefühl der Zugehörigkeit, als man mich in der Fremde wie einen Einheimischen behandelt hat. Bis heute genieße ich es, wenn niemand den Eindruck hat, vor mir etwas verstecken oder sich verstellen zu müssen.

Ich möchte an dieser Stelle nicht leugnen, dass es mir trotz allem nicht immer leichtfällt, diese andere Normalität zu akzeptieren. Besonders schwierig wird das immer dort, wo es ums Essen geht. Abgesehen davon, dass ich kein Fleisch und keinen Fisch esse, macht mir vor allem mangelnde Hygiene leicht zu schaffen. Dabei geht es nicht vorrangig um die Auswirkungen, die der Verzehr kontaminierter Nahrung mit sich bringen kann. Mein Problem beginnt meist schon bei der Zubereitung derselben.

Einmal hatte ich in Indien in einem Schlafwagen ein Frühstück gebucht. Tatsächlich kam gegen sechs Uhr früh ein junger Mann, der das vegetarische Essen, das lecker nach Kichererbsen roch, aus einem riesigen Kübel verteilte. Die ersten Bedenken kamen mir, als ich sah, dass er die recht flüssige Speise nicht auf einem Teller servierte. Stattdessen schöpfte der Kellner die suppenartige Mahlzeit in kleine, gefaltete Schiffchen aus Zeitungspapier. Anschließend verfeinerte er das Ganze mit dem Saft aus einer Zitronenhälfte, der während des Auspressvorgangs über seine Finger in das Essen tropfte. Angeekelt beobachtete ich, wie sich die Druckerschwärze langsam mit der Suppe vermischte. Als wäre das alles noch nicht genug, hatte ein Teil der Gäste das Frühstück noch nicht bezahlt. Also wischte der junge Mann seine Zitronensaftfinger in die schmierigen Geldscheine, welche die Kunden ihm hinhielten, bevor er sich daranmachte, die nächste Portion auf die gleiche Art zuzubereiten.

Hungrig hielt ich mein Essen in der Hand und überlegte, wie ich es am besten entsorgen konnte, ohne dass jemand anders es mitbekam. Wie viel hätte ich in diesem Moment für eine normale Mahlzeit gegeben!

Aber was bedeutete in diesem Zusammenhang eigentlich normal? Ging es mir tatsächlich wieder einmal darum,

das zu bekommen, was ich gewohnt war? Als ich das Frühstück dezent in der Zugtoilette hinunterspülte, ermahnte ich mich selbst, nicht verärgert zu sein. Die Situation war, wie sie war, und sie war am Ende mit einer der Gründe, weshalb ich nach Indien gekommen war.
Ich ging zurück zu meinem Sitz und kramte das letzte zerknitterte Päckchen Schnitten aus meinem Rucksack, das ich von daheim mitgebracht hatte. Nachdem ich meinen ersten Hunger gestillt hatte, sah die Welt gleich wieder anders aus. Ich lehnte mich zurück, ließ den Blick über die vorbeiziehende Landschaft gleiten und machte mir bewusst, wie privilegiert ich eigentlich war, dass ich Momente wie diesen überhaupt erleben durfte.

Was ist dein größtes Privileg?

Ankommen

Selbst in einer Zeit, in der ich buchstäblich jede Münze dreimal umdrehen musste, um mit meinem knappen Reisebudget auszukommen, habe ich wo immer möglich eines vermieden: in einem Schlafsaal zu nächtigen. Abgesehen davon, dass ich nicht gerne mit mir fremden Menschen in einem Raum schlafe, war mir die Privatsphäre meines Hotelzimmers bereits damals heilig. Genieße ich es untertags, dass ständig neue Geräusche, Gerüche und andere Eindrücke auf mich einprasseln, brauche ich am Abend einen Ort, an dem ich allein sein kann. Besonders wenn ich für längere Zeit unterwegs bin, durchströmt mich in diesem Augenblick jedes Mal das wunderbare Gefühl, angekommen zu sein.

Nach dem Betreten des Raumes sperre ich dann die Tür hinter mir zu, lege mich auf mein Bett und schließe für einige Minuten die Augen, um die Eindrücke des Tages an mir vorüberziehen zu lassen. Doch wenngleich ich meine Unterkunft häufig als eine schützende Oase empfinde, die mir so etwas wie eine Verschnaufpause verschafft, ist sie gleichzeitig ein Ort, der mich auf mich selbst zurückwirft. Nach all dem Trubel des Tages, der mich meistens nicht einmal zum Denken kommen lässt, bin ich plötzlich mit meinen Gedanken allein.

Sosehr ich diesen Zeitpunkt während des Tages herbeisehne, umso mehr wünsche ich mir in diesen Augenblicken manchmal die hektische Betriebsamkeit zurück. Dann genügt es aber zu wissen, dass das Leben draußen weitergeht und ich nichts anderes tun müsste, als mein Zimmer zu verlassen und hinauszugehen, um wieder in das Getümmel einzutauchen. Stattdessen kuschle ich mich zufrieden in das Bettzeug und mache mir dankbar bewusst, dass ich tatsächlich alles haben kann.

Doch diese Einsicht musste ich mir erst erwerben. Denn lange Jahre dachte ich wie so viele Reisende in Kategorien wie Aufbruch und Rückkehr. Mit der Zeit fiel es mir aber immer schwerer, mich mit der Idee abzufinden, dass auch die schönste Reise irgendwann ein Ende hat. Das ging so weit, dass ich mir eines Tages einredete, nach Hause nicht zurück-, sondern dorthin genauso nur weiterzufahren wie zu jedem anderen Ziel.

Das war der Zeitpunkt, an dem ich verstand, dass ich etwas ändern musste. Andernfalls würde ich wie ein Getriebener immer genau dort sein wollen, wo ich gerade nicht war, und ich würde innerlich schon lange wieder aufgebrochen sein, bevor ich überhaupt angekommen war.

Ich rief mir ins Gedächtnis, dass ein unangepasstes Leben keine Flucht und kein Weglaufen vor etwas sein darf, egal, was uns nicht passt. Schließlich würden wir uns sonst wiederum dem beugen, was andere für uns bestimmen. Vielmehr sollte es immer eine bewusste eigene Entscheidung sein, unsere Zeit auf jene Art zu verleben, die uns glücklich macht.

Doch wie sollte ich glücklich werden, wenn ich nicht die Bereitschaft hatte, immer wieder dort anzukommen, wo ich gerade war?

Andererseits ist natürlich auf einer Reise nicht alles perfekt. Gerade dann müssen wir uns aber daran erinnern, warum wir aufgebrochen sind. Vor allem dürfen wir

nicht bei der kleinsten Kleinigkeit einen Grund finden, die Fahrt abzubrechen und dahin zurückzukehren, von wo aus wir losgezogen sind.
Selbst wenn wir uns das eine oder andere Mal verirren oder in eine Sackgasse gelangen, weil die Dinge nicht so laufen, wie wir es uns vorgestellt haben, müssen wir weitergehen.
Wer durch einen Wald spaziert und den Weg durch umgestürzte Bäume versperrt sieht, bricht auch nicht die ganze Wanderung ab, sondern sucht vielmehr nach einer anderen Möglichkeit, um weiterzukommen.
Wie nichts auf dieser Welt, so habe ich in den Jahren verstanden, konfrontiert dich das Reisen mit dem, das du wirklich bist. Unterwegs begegnest du den eigenen Wünschen wie auch deinen Ängsten; du stehst deinen Fähigkeiten genauso gegenüber wie deinem Versagen; du stellst dich deiner Trauer wie auch allem, was du liebst. Dein wahres Ich, so habe ich es vor langer Zeit verstanden, findest du immer nur dort, wo du gerade bist. So wird jedes Ankommen zu einem neuen Aufbruch – in die Welt und zu deinem innersten Selbst. Denn wo dein Geist ist, so sagt man in Shaolin, dorthin wird auch dein Körper folgen.

Woran wirst du erkennen,
dass du angekommen bist?

Wem ich Danke sagen möchte

Schreibt man als Autor über sein eigenes unangepasstes Leben, so stellt man mit Erstaunen fest, wie viele Menschen im Laufe der Jahre dazu beigetragen haben, dass dieses überhaupt möglich war. Gewidmet ist dieses Buch in Liebe, Respekt und Dankbarkeit meiner Partnerin Irene Nemeth, die mir zur besten Reisebegleiterin geworden ist, die ich mir jemals hätte erträumen können. Nach all der Zeit, die wir oft 24 Stunden am Tag miteinander verbracht und uns in den extremsten Situationen kennengelernt haben, haben wir uns heute oft mehr zu sagen als jemals zuvor.
Der wohl wichtigste Dank geht an meine Lektorin Caroline Draeger, die seit vielen Jahren meinen Weg als Autor begleitet und mitgeprägt hat. Selten zuvor bin ich einem Menschen begegnet, der so viel Wissen mit einer derartigen Bereitschaft verbindet, sich selbst zurückzunehmen, um einen anderen Menschen strahlen zu lassen.
Bedanken möchte ich mich des Weiteren bei Marianne Mohatschek, mit der mich eine ganz besondere Freundschaft verbindet und die einen großen Teil zu dem beigetragen hat, der ich heute bin.
Stellvertretend für alle, die mich auf meiner Reise durch das Leben begleitet haben, möchte ich vor allem besonders jene hervorheben, die in diesem Buch Erwähnung gefunden haben: Meine Eltern Wolfgang und Christa

Moestl, die mir schon in jungen Jahren den Zauber des Reisens vermittelt haben; meine Großeltern Erika und Norbert Moestl, die zwar selbst selten unterwegs waren, mir aber das Reisen erst möglich gemacht haben; meine Großeltern Liselott und Helmut May für das Kästchen und die Geschichte von Onkel Jacques sowie die vielen Abenteuerwege; dem Gersthofer Pfarrer Norbert Rodt und Richard Tempich, ohne die ich wohl nie nach Rom gekommen wäre; Gökhan Gören und seine Familie, die meine ersten Gastgeber in einer neuen Welt waren; Thomas Beyer, der mich als Siebzehnjährigen zu sich in die DDR eingeladen hat; Sonja Weinlich, die mir vom Weg nach Australien eine Münze aus Hongkong geschickt hat; Walter Pfeil von der Caritas Caransebes, der sich nach einem Autounfall in Rumänien eine Woche lang um mich gekümmert hat; Verena Rassmann, die den Mut hatte, mich neun Wochen lang ohne Geld durch die Türkei zu begleiten; der türkische Journalist Bilal Kocak, der mich immer bei sich aufgenommen hat, wenn mir das Geld ausgegangen ist; meine langjährige Partnerin Heidi Mischinger, mit der ich zu meiner ersten langen Asienreise aufgebrochen bin, für die vielen gemeinsam erlebten Abenteuer; den Reiseleiter Alexander Kriegelstein, der mich reden, schreiben und Demut gelehrt hat; den Pilot Markus Gollner, der mir von seinem Kollegen erzählt hat, der auf dem Landweg durch Russland gefahren ist; Besitzer des Kedar Guesthouse, Virendra Pandey, der, ohne es zu wollen, zu meinem spirituellen Lehrer geworden ist.

Mein Leben wäre aber auch sehr anders verlaufen ohne Sifu Rudolf Hauner, dem ich meine Faszination für die Kampfkunst verdanke; Herbert Fechter und Jian Wang,

die mir meinen ersten Aufenthalt in Shaolin ermöglicht haben; den ehrwürdigen Meister Shi De Cheng, der mit mir sein Wissen über den Kampf und die Kunst des kampflosen Sieges geteilt hat; meinem verstorbenen Freund Kurt Bauer, ohne den ich keinen der vorgenannten drei jemals kennengelernt hätte; meinen Seniorpartner Gerhard Conzelmann und meine erste Lektorin Bettina Huber, ohne die es wohl keines meiner Bücher gäbe; den Verleger Hans-Peter Übleis, der mich wo immer möglich gefördert und unterstützt hat; den Wiener Steuerberater Hussein Barghouty; den Rechtsanwalt Thomas Blaser; den Fotografenmeister Klaus-Peter Zimmermann; meine wunderbare Perserkatze Teufelchen, die meinen Zugang zu Tieren verändert hat, und nicht zuletzt Albert Klebel, Andreas Schindl, Matthias Roos und Ioana Daia, die mich in vielen Gesprächen aufgefordert haben, meine Ansichten zu überdenken sowie meinem nepalesischen Freund Janardan Mudbari, dem ich einen Blick auf den Himalaja verdanke, den ich nie vergessen werde.
Euch allen und natürlich auch Ihnen, werter Leser, möchte ich Danke sagen, dass Ihr ein Teil meines Lebens seid. Schön, dass es Euch gibt.

Herzlichst,
Bernhard Moestl
Brasov, Rumänien im November 2020

BERNHARD MOESTL

LÄCHELN IST DIE BESTE ANTWORT

88 WEGE ASIATISCHER GELASSENHEIT

Das Leben meistert man am besten lächelnd

Wer entspannt und gelassen durch den Alltag gehen will, muss nicht gleich alles verändern. Oft genügt eine Kleinigkeit.

Denn es sind die kleinen Dinge, die dem Leben eine entscheidende Richtung geben. Um Stress zu bewältigen oder sich innerlich zur Ruhe zu bringen, braucht es keine großen Umstände.

Diese Weisheit der Shaolin-Mänche belegt Bestsellerautor Bernhard Moestl anhand von persönlichen Erlebnissen aus zwanzig Jahren in Asien und kurzweiligen Begebeneheiten.

KNAUR